AF619229

Melanie Püschel

Emotionen im Web

Die Verwendung von Emoticons, Interjektionen und emotiven Akronymen in schriftbasierten Webforen für Hörgeschädigte

KULTUR – KOMMUNIKATION – KOOPERATION

herausgegeben von Gabriele Berkenbusch und Katharina von Helmolt

ISSN 1869-5884

8 *Gabriele Berkenbusch, Katharina von Helmolt, Vasco da Silva (Hg.)*
Migration und Mobilität aus der Perspektive von Frauen
ISBN 978-3-8382-0156-6

9 *Ann-Kathrin Hörl*
Interkulturelles Lernen von Schülern
Einfluss internationaler Schüler- und Jugendaustauschprogramme auf die persönliche Entwicklung und die Herausbildung interkultureller Kompetenz
ISBN 978-3-8382-0361-4

10 *Gwendolin Lauterbach*
Hierarchie in internationalen Hochschulkooperationen
Eine Studie zu deutsch-kirgisischer Projektarbeit
ISBN 978-3-8382-0392-8

11 *Gabriele Berkenbusch, Elisa Wiesbaum, Jens Weyhe*
Zwischen Hochschule und Arbeitsmarkt
Die Absolventenstudie der Fakultät Angewandte Sprachen und Interkulturelle Kommunikation der Westsächsischen Hochschule Zwickau
ISBN 978-3-8382-0351-5

12 *Ciara Hogan, Nadine Rentel, Stephanie Schwerter (eds.)*
Bridging Cultures: Intercultural Mediation in Literature, Linguistics and the Arts
ISBN 978-3-8382-0352-2

13 *Katharina von Helmolt, Gabriele Berkenbusch, Wenjian Jia (Hg.)*
Interkulturelle Lernsettings
Konzepte – Formate – Verfahren
ISBN 978-3-8382-0349-2

14 *Alexandra Bauer*
Identifikative Integration
Über das Zugehörigkeitsgefühl von Migranten und Migrantinnen zu ihrer Aufnahmegesellschaft
ISBN 978-3-8382-0382-9

15 *Melanie Püschel*
Emotionen im Web
Die Verwendung von Emoticons, Interjektionen und emotiven Akronymen in schriftbasierten Webforen für Hörgeschädigte
ISBN 978-3-8382-0506-9

Melanie Püschel

EMOTIONEN IM WEB

Die Verwendung von Emoticons, Interjektionen und emotiven Akronymen in schriftbasierten Webforen für Hörgeschädigte

ibidem-Verlag
Stuttgart

Bibliografische Information der Deutschen Nationalbibliothek
Die Deutsche Nationalbibliothek verzeichnet diese Publikation in der Deutschen Nationalbibliografie; detaillierte bibliografische Daten sind im Internet über http://dnb.d-nb.de abrufbar.

Bibliographic information published by the Deutsche Nationalbibliothek
Die Deutsche Nationalbibliothek lists this publication in the Deutsche Nationalbibliografie; detailed bibliographic data are available in the Internet at http://dnb.d-nb.de.

Coverabbildung: © 2013, Kai Rimpler, Nordlicht

∞

Gedruckt auf alterungsbeständigem, säurefreien Papier
Printed on acid-free paper

ISSN: 1869-5884

ISBN-13: 978-3-8382-0506-9

© *ibidem*-Verlag
Stuttgart 2014

Alle Rechte vorbehalten

Das Werk einschließlich aller seiner Teile ist urheberrechtlich geschützt. Jede Verwertung außerhalb der engen Grenzen des Urheberrechtsgesetzes ist ohne Zustimmung des Verlages unzulässig und strafbar. Dies gilt insbesondere für Vervielfältigungen, Übersetzungen, Mikroverfilmungen und elektronische Speicherformen sowie die Einspeicherung und Verarbeitung in elektronischen Systemen.

All rights reserved. No part of this publication may be reproduced, stored in or introduced into a retrieval system, or transmitted, in any form, or by any means (electronical, mechanical, photocopying, recording or otherwise) without the prior written permission of the publisher. Any person who does any unauthorized act in relation to this publication may be liable to criminal prosecution and civil claims for damages.

Printed in Germany

Inhaltsverzeichnis

I Abkürzungsverzeichnis

Abb.	- Abbildung
Anh.	- Anhang/Anhänge
ASCII	- American Standard Code of Information Interchange
BGG	- Behindertengleichstellungsgesetz
ci/Ci/CI	- Cochlea Implantat (Gehörprothese)
CMC	- computer-mediated communication
CvK	- Computervermittelte Kommunikation
DGB	- Deutscher Gehörlosenbund
DGPuK	- Deutsche Gesellschaft für Publizistik- und Kommunikationswissenschaft
dgs/DGS	- Deutsche Gebärdensprache
EUD	- European Union of the Deaf
gl/Gl/GL	- gehörlos, Gehörlose(r)
gs/Gs/GS	- Gebärdensprache(n)
HCIG-Forum	- Hannoversche Cochlear-Implant Gesellschaft e.V.
hd/Hd/HD	- hörend, Hörende(r)
hg/Hg/HG	- Hörgerät(e)
http/HTTP	- Hypertext Transfer Protocol
IDGS	- Institut für Deutsche Gebärdensprache
Kat.	- Kategorie
LBG	- lautsprachbegleitendes Gebärden
LOL	- laughing out loud
M.P.	- Melanie Püschel
sh/Sh/SH	- schwerhörig, Schwerhörige(r)
SMTP	- Simple Mail Transfer Protocol
Tab.	- Tabelle
TCP/IP	- Transmission Control Protocol/Internet Protocol
WFD	- World Federation of the Deaf
WWW	- World Wide Web

II Tabellenverzeichnis

III Abbildungsverzeichnis

1. Einleitung

Kommunikation ist bekanntlich sehr vielfältig und findet besonders in der gegenwärtigen Zeit multimodal statt. Heutzutage entstehen persönliche Kontakte nicht mehr nur im alltäglichen, physisch greifbaren Raum und werden dort gepflegt. Vielmehr wird das alltägliche Leben stark durch die Kommunikation im virtuellen Raum des Computers ergänzt. Sowohl formelle als auch informelle Kommunikation kann aufgrund vielseitiger Möglichkeiten des *Hybridmediums Computer* (Höflich 2003) stattfinden, z. B. durch E-Mails, Chats oder *schriftbasierte Webforen*. Dabei spielt es keine wesentliche Rolle, welcher Gruppe die Interaktionspartner angehörig sind. Über das elektronische Schreiben bietet das Medium Computer den Menschen die Chance, auf andere Art und Weise sowie zusätzlich miteinander in Kontakt zu treten – unabhängig von Status, Gesundheitszustand, Geschlecht, Aussehen, Wohnort u.v.m. Darüber hinaus bietet es eine riesige Plattform, zu neuem Wissen jeglicher Art zu gelangen.

Die vorliegende Studie befasst sich mit einer Minderheit, für die die Computertechnologie einschließlich die Verwendung des schriftbasierten Internet neue Kommunikationsmöglichkeiten bietet: *hörgeschädigte Menschen*. Über den schriftlichen Modus können sie Informationen abrufen und verbreiten, vor allem aber auch mit anderen Personen in Kontakt treten, was in der Face-to-Face-Kommunikation oft erschwert ist. Man denke an die sprachliche Minderheit der gehörlosen Menschen in Deutschland, die sich in ihrer Muttersprache – der Deutschen Gebärdensprache – austauschen. Innerhalb der Kommunikation in einer hörenden Mehrheitsgesellschaft, von denen die wenigsten gebärdensprachkompetent sind, entstehen oftmals Missverständnisse. Möglicherweise besteht gar eine Intoleranz gegenüber hörgeschädigten Menschen bzw. gegenüber den visuellen Gebärdensprachen im Allgemeinen (vgl. Krausneker 2006). Es ist daher nachvollziehbar, dass die schriftbasierte Kommunikation via Internet einen großen Stellenwert für hörgeschädigte Menschen haben kann.

Zudem werden hörgeschädigte Kinder hierzulande oftmals (noch) nicht in ihrer Muttersprache unterrichtet, der Deutschen Gebärdensprache – kurz: DGS. Sie erlernen nur mühsam die deutsche Lautsprache als Zweitsprache sowie Schriftsprache als Code (vgl. Krausneker 2006: 49), wobei diesbezüglich die Kompetenz Hörgeschädigter in den wenigsten Fällen mit den Fähigkeiten hörender Gleichaltriger vergleichbar ist (vgl. u.a. Krausneker 2006).

Die Verwendung und Förderung der Deutschen Gebärdensprache sowie der Schriftsprachkompetenz innerhalb des hiesigen Schulsystems bleiben defizitär (vgl.; Poppendieker 1992; Günther 1993; Krausmann 1999; Krammer 2001; Krausneker 2006.). Dadurch weisen Hörgeschädigte – je nach individueller Situation – große Defizite in der Laut- und Schriftsprache auf (ebd.), was wiederum einen Mangel an kognitiver Entwicklung zur Folge haben kann.

Seit der Etablierung des Computers mit der beliebtesten Anwendung *Internet* ergeben sich für diesen Personenkreis neue Möglichkeiten, um sich Wissen anzueignen und Informationen auszutauschen. Das zeigt u.a. das Ergebnis einer Studie von *Aktion Mensch e.V. (2010)*. Zusätzlich werden dadurch die Möglichkeiten zum Kontaktaufbau mit anderen Menschen erweitert. Speziell für Gehörlose und andere hörgeschädigte Personen haben sich im deutschsprachigen Raum in den letzten Jahren schriftbasierte Webforen etabliert, um sich über allgemeine Themen und private Erfahrungen auszutauschen. Um darin kommunizieren zu können, bedarf es der deutschen Schriftsprache, welche bei Hörgeschädigten oftmals stark fehlerbehaftet ist (vgl. Poppendieker 1991: 130; Ruoß 1994: 151f.; Krausmann 1999: 74; Fischer et al. 2000: 458; Krammer 2001; Eisenwort et al. 2002: 259). Da Sprache jedoch eng mit Emotionen verknüpft ist und diese auch kommuniziert werden wollen (vgl. Schwarz-Friesel 2007), werden die jeweiligen Emotionen innerhalb der computervermittelten Kommunikation über Sprache verbal und graphisch ausgedrückt (vgl. ebd.). Aus dieser Tatsache heraus ergab sich der Themenschwerpunkt für die vorliegende Studie, welcher m. E. noch nicht erforscht wurde: *Wie werden Emotionen innerhalb schriftbasierter Webforen für Hörgeschädigte dargestellt?*

Ausgehend vom Modell der konzeptionellen Mündlichkeit/Schriftlichkeit nach Koch/Oesterreicher (1994), war der Gegenstand der Untersuchung insbesondere die graphische Darstellung von Emotionen anhand von *Emoticons*, mittels *Interjektionen* und *emotiven Akronymen*. Die genannten Elemente gelten als typisch für computervermittelte Kommunikation (CvK) (Kuhlen 1998). Relevante Forschungsergebnisse zum Themengebiet haben vor allem Kuhlen (1998), Höflich (1996; 2003), Beck (2006; 2010), Storrer (2000) und Stegbauer (2001) herausgearbeitet. Bezüglich der Emoticons, die im Jahre 2012 ihr 30jähriges Bestehensjubiläum hatten, gibt es viele interessante Studien, besonders von Walther & D'Addario (2001) sowie von Dresner & Herring (2010). Von besonderem Interesse war, inwieweit die genannten Elemente in den ausgewählten Webforen zur Anwendung kommen – in welchen Stimmungen und mit welchen emotiven Lexemen sie zu finden sind.

Den Leser dieser Studie erwartet eine sorgfältige Darstellung relevanter Literatur, welche anschließend auf die empirischen Ergebnisse übertragen wird. Zunächst werden allgemeine Fakten zum Thema Hörschädigung, (Deutsche) Gebärdensprache und Gebärdensprachgemeinschaft gegeben, um anschließend auf deren Schriftsprachkompetenz einzugehen (Kap. 2). Hierbei wird zudem die Bedeutung computervermittelter Kommunikation für Hörgeschädigte näher erläutert. Nachfolgend werden die kritisch betrachteten Ergebnisse aus der verwendeten Literatur zum Thema CvK dargestellt und veränderte Begrifflichkeiten und Forschungsschwerpunkte herausgearbeitet (Kap. 3) – vor allem hinsichtlich der Kommunikation in Webforen (Kap. 4) sowie bezüglich der Emotionsdarstellung (Kap. 5). Um die Theorie auf die Praxis zu übertragen, wurden zwei Themen aus jeweils zwei verschiedenen Foren für Hörgeschädigte bearbeitet (Kap. 6). Die Ergebnisse werden quantitativ und qualitativ (exemplarisch) dargestellt (Kap. 7). Abgerundet wird die Studie anhand der Diskussion der Befunde unter Verwendung der Erkenntnisse aus der verwendeten Literatur (Kap. 8), bevor in der Zusammenfassung die wichtigsten Aussagen wiederholt werden und die Relevanz für weitere führende Forschungen beschrieben wird (Kap. 9).
Die Erkenntnisse aus Theorie und Empirie zeigen, dass es weiterhin einen enormen Forschungsbedarf gibt, für den die vorliegende Studie einen Beitrag leisten möchte.

2. Allgemeine Fakten zum Personenkreis

Erste theoretische Grundlagen dieser Studie bilden allgemeine Erläuterungen zum Thema Hörschädigung, Gebärdensprache und zu den verschiedenen Termini *gehörlos* bzw. *taub*. In diesem Kontext wird auf die verringerte Schriftsprachkompetenz von hörgeschädigten Menschen eingegangen. Hinführend zum Schwerpunkt der Studie wird zudem auf die Bedeutung von Internetdiensten für Hörgeschädigte hingewiesen. Die in der Studie verwendete Bezeichnung *Hörschädigung/hörgeschädigt* ist ein Oberbegriff für alle darunter zusammengefassten Arten von Hörschädigungen. Clarke (2006) gibt einen ersten guten Überblick über die Thematik. Die Schädigung des Gehörsinns zählt zur Kategorie der Sinnesbehinderungen, weshalb man auch von *Hörbehinderung* spricht. Von dieser Form der Sinnesbehinderung betroffene Menschen sind schwerhörig, gehörlos oder spät ertaubt. Sie kommunizieren entweder in deutscher Lautsprache oder in Deutscher Gebärdensprache, kurz: DGS. Häufige Anwendung findet auch die Sprachform des lautsprachbegleitenden Gebärdens (LBG), welche die deutsche Grammatik als Grundlage nutzt, um zu den jeweiligen Wörtern einzelne Gebärdenzeichen zu produzieren. Die DGS hingegen besitzt eine eigene, andere grammatische Struktur. Welche Sprache bzw. Sprachform oder gar Mischform der jeweiligen Sprachen genutzt wird, ist ein individuelles Merkmal der hörgeschädigten Person. Ausschlaggebend hierfür ist sowohl die erlernte Muttersprache, als auch die Sozialisation der betreffenden Person (vgl. Ruoß 1994; Clarke 2006).
Wie die Begrifflichkeiten aus medizinischer bzw. kultureller Sichtweise definiert werden und welche besondere Rolle die Gehörlosengemeinschaft spielt, soll im Weiteren in einem kurzen Überblick dargelegt werden.

2.1 Medizinische Fakten: Hörschädigung

Es gibt keine gesicherten Angaben zur Häufigkeit von Hörschädigung in Deutschland. Der *Deutsche Gehörlosenbund e.V.* beruft sich auf Angaben des Statistischen Bundesamtes vom 31.12.2009[1], wonach es in Deutschland ca. 80.000 Gehörlose gibt

[1] Vgl. hierzu *http://www.gehoerlosen-bund.de/dgb/*.

und zudem ca. 200.000 Menschen hochgradig hörbeeinträchtigt seien. Clarke[2] (2006: 9) spricht von ca. 14 Millionen hörgeschädigten Menschen in Deutschland, wovon ca. 80.000 Menschen gehörlos seien. Laut Statistik des *Deutschen Schwerhörigenbundes e.V.* sind 19% der Menschen über 14 Jahre hörbeeinträchtigt; dies entspricht ca. 13 Millionen Betroffenen.[3] Laut eines aktuellen Berichtes der *Bundesarbeitsgemeinschaft der Integrationsämter und Hauptfürsorgestellen (BIH)* (2012) leben in Deutschland „[…] etwa eine Million Menschen mit einer hochgradigen Hörbehinderung. 80.000 sind von Geburt an gehörlos und etwa 150.000 spätertaubt [sic]“ (25). Kausal betrachtet werden Hörbeeinträchtigungen laut Clarke (2006) in *prälinguale* Ursachen = Hörschäden treten bereits im Mutterleib auf (z.B. erblich bedingt; Infektion der Mutter mit Röteln etc.), *perinatale* Ursachen = Hörschäden entstehen während des Geburtsvorganges (z.B. aufgrund von Sauerstoffmangel des Säuglings) und in *postlinguale* Ursachen unterteilt = der Hörschaden tritt in Folge einer Erkrankung ein (z.B. Keuchhusten oder Mittelohrentzündung). Diese Einteilung ist ungeeignet, weil sie die Ursachen für eine Hörschädigung auf medizinischer Ebene mit der sprachlichen Ebene vermischt. In der Medizin bzw. im Gesundheitswesen spricht man zunächst von *pränatal* = vorgeburtlich, *perinatal* = während der Geburt und *postnatal* = nach der Geburt (vgl. Menche 2003). Hörbehinderungen können auf diese Weise nach ihrer Ursache kategorisiert werden.

Des Weiteren findet eine auf den Spracherwerb bezogene Klassifizierung statt: *prälingual* = Hörschäden treten vor dem Spracherwerb ein, z.B. aufgrund einer Meningitis (Hirnhautentzündung); *postlingual* = Hörschäden treten nach dem Spracherwerb ein, bspw. als Folge eines Hörsturzes (vgl. Günther 1993; Ruoß 1994; Menche 2003). Sacks (2008) verwendet synonym zu prälingual/postlingual die Begriffe *präverbal* bzw. *postverbal* (27f., 51) und verweist auf die Relevanz des Zeitpunktes, an dem ein Mensch hörgeschädigt wird. Jener Zeitpunkt hat großen Einfluss auf die sprachliche und demzufolge allgemeine Entwicklung des Kindes (vgl. Prillwitz et al. 1991: 55; Ruoß 1994: 15f.; Sacks 2008: 23, 51, 54, 126f.).

Schwerhörigkeit. Sie wird medizinisch auch als *Hörstörung* bezeichnet und differenziert sich nach dem Teil des Ohres, an dem sie auftritt. Ist das äußere Ohr oder das

---

[2] Valerie Clarke ist Gebärdensprachdolmetscherin und Sozialarbeitern in Österreich.

[3] Vgl. hierzu *http://www.schwerhoerigen-netz.de/MAIN/statistik.asp?inhalt=uebersicht.*

Mittelohr geschädigt, spricht man von „Schallleitungs-Schwerhörigkeit"; Störungen am Innenohr nennt man „Schallempfindungs-Schwerhörigkeit" (vgl. Menche 2003). Eine Kombination aus beiden Arten wird als „kombinierte Schwerhörigkeit" bezeichnet.

Darüber hinaus werden verschiedene Grade der Schwerhörigkeit angegeben, die sich auf den Hörverlust in den jeweiligen Frequenzbereichen beziehen: leichtgradige Schwerhörigkeit, mittelgradige Schwerhörigkeit, hochgradige Schwerhörigkeit und an Taubheit grenzende Schwerhörigkeit (vgl. Prillwitz et al. 1991: 55; Ruoß 1994: 15ff.).

Schwerhörige Menschen verwenden häufig technische Hilfsmittel (z.B. ein Hörgerät), um ihre Umgebung besser über das Gehör wahrnehmen zu können. Es können alle Altersgruppen von Schwerhörigkeit betroffen sein. Tritt sie beispielsweise im Kleinkindalter auf, hat sie Einfluss auf die sprachliche Entwicklung des Kindes.

Gehörlosigkeit. „Von Gehörlosigkeit oder Taubheit spricht man, wenn eine Hörschädigung so gravierend ist, daß gesprochene Sprache auch nicht mit Hilfe eines Hörgerätes wahrgenommen werden kann." (Prillwitz et al. 1991: 54). Bei Gehörlosigkeit wird der Wert der Lautstärkemessung mit über 90db (Dezibel) angegeben. Das heißt, eine Schallempfindung, ein Geräusch, eine Lautsprache kann erst bei über 90db auditiv wahrgenommen werden. Gesprochene Sprache liegt jedoch im Lautstärke-Bereich von ca. 10db - ca. 65db und kann daher nicht rezipiert werden (vgl. Prillwitz et al. 1991: 56f.; Clarke 2006: 14, 18).

Betroffene werden demnach als *gehörlos* oder als *taub* bzw. *spät ertaubt* bezeichnet (Prillwitz et al. 1991: 55; Vogel 2006: 26). Der veraltete Ausdruck *taubstumm* findet heutzutage weiterhin Anwendung, wird jedoch von den meisten Betroffenen abgelehnt (vgl. Clarke 2006; Sacks 2008; Fischer 2010). Auf die Begriffspluralität soll im nächsten Unterpunkt näher eingegangen werden.

Prillwitz et al. (1991: 54) nennen verschiedene Ursachen für das Entstehen von Gehörlosigkeit und unterscheiden hierbei in *erworbene* und *vererbte* Gehörlosigkeit. Vererbte Gehörlosigkeit tritt nur in etwa 10% der Fälle auf (ebd.; vgl. auch Clarke 2006: 12; Sacks 2008). Die erworbene Gehörlosigkeit (z.B. durch Mittelohrentzündung, Knalltraumen u.v.m.) kann prälingual oder postlingual auftreten und betrifft alle Altersgruppen. Menschen, die vor dem Hörverlust bereits Höreindrücke sammelten und ggf. die Lautsprache erlernten, werden als *spät ertaubt* bezeichnet.

2.2 Kulturelle Fakten: Gebärdensprache, Gebärdensprachgemeinschaft und Begriffspluralität

Als grundlegende Kenntnis über Gebärdensprache im Allgemeinen ist zu betonen, dass sie – entgegen einer verbreiteten Annahme – nicht international ist. Synonym zu den Lautsprachen gibt es nationale Gebärdensprachen mit regionalen Varietäten (Boyes Braem 1992: 13f.). In der Wissenschaft werden sie als vollwertige Sprachen anerkannt und in verschiedenen linguistischen Teildisziplinen erforscht – so etwa in Deutschland am *Institut für Deutsche Gebärdensprache* in Hamburg (kurz: IDGS) (vgl. Donath et al. 1996).[4]

Gebärdensprachen werden auf der visuell-gestischen Ebene wahrgenommen und hauptsächlich von hörgeschädigten, insbesondere gehörlosen Menschen verwendet (vgl. Boyes Braem 1992; Donath et al. 1996; Schüßler 1997: 118; Clarke 2006). Darüber hinaus gibt es aber auch hörende Menschen, die die jeweilige nationale Gebärdensprache erlernt haben. Dazu zählen beispielsweise jene, die hörgeschädigte bzw. gehörlose Verwandte, Freunde oder Bekannte haben sowie GebärdensprachdolmetscherInnen und andere Berufsgruppen. In Deutschland wird die Deutsche Gebärdensprache – kurz: *DGS* – verwendet.

Vor der Erforschung ihrer Gebärdensprache wurden Gehörlose häufig unterdrückt und ihre Sprache verboten, da sie als „Plauderei" herabgewürdigt wurde. (vgl. Donath et al. 1996; Sacks 2008). Nicht zuletzt durch das nationalsozialistische Regime in den 30er und 40er Jahren wurden Gehörlose/Hörgeschädigte als „minderwertig" eingestuft und mussten menschenunwürdige Repressalien erleiden.

Eingebettet in die Kultur der hörenden Mehrheitsgesellschaft haben Gehörlose ihre eigene Gemeinschaft und Kultur entwickelt. Die Gehörlosengemeinschaft vereint sich weniger aufgrund ihrer Behinderung im medizinischen Sinne, vielmehr sehen sie sich als *sprachliche Minderheit* (vgl. Donath et al. 1996; Eisenwort et al. 2002: 258; Sacks 2008; Fischer 2010). *Die* Gehörlosen gibt es jedoch nicht. Es ist eine heterogene Gruppe mit unterschiedlichem Hörstatus, individuellen Erfahrungen aufgrund verschiedener Sozialisation und Spracherfahrung (vgl. Sacks 2008; Fischer 2010). Die Gehörlosengemeinschaft ist von einer größer gefassten Gebärdensprachgemeinschaft mit anderen hörgeschädigten Menschen umgeben. Hierzu zählen z.B. Schwerhörige,

[4] Siehe hierzu auch Boyes Braem (1992).

spät Ertaubte oder in Lautsprache, *oral*, erzogene Gehörlose (vgl. Sacks 2008; Fischer 2010). Der Ausdruck *oral* basiert auf der so genannten ‚deutschen Methode': Gehörlose Kinder wurden in Lautsprache unterrichtet und werden es zum Teil auch heute noch. Hingegen setzte die ‚französische Methode' auf vorrangig gebärdensprachliche Erziehung und Bildung (vgl. Sacks 2008: 50ff.).

Die Mitglieder der Gehörlosengemeinschaft als Zentrum der Gebärdensprachgemeinschaft sind stolz auf ihre eigene Sprache und Kultur. Es bildet(e) sich nicht zuletzt seit der gesetzlichen Anerkennung der Deutschen Gebärdensprache im Mai 2002 durch das Behindertengleichstellungsgesetz (BGG, §6)[5] ein neues Selbstbewusstsein heraus (vgl. hierzu etwa Donath et al. 1996). Zudem empfiehlt das *Übereinkommen der Vereinten Nationen über die Rechte von Menschen mit Behinderungen (ugs. UN-Konvention)* eindeutig eine individuelle Förderung hörgeschädigter Menschen, indem der Zugang zu der jeweiligen nationalen Gebärdensprache gewährleistet wird.[6]

Die Vertretung gemeinsamer Interessen Gehörloser findet auf Bundesebene durch den *Deutschen Gehörlosenbund e.V. (DGB)* statt, auf Länderebene durch die Gehörlosenverbände. Jene Vereine sind dem europäischen Verband – *European Union of the Deaf (EUD)* – und dem weltweiten Bündnis – *World Federation of the Deaf (WFD)* angegliedert. Schwerhörige Menschen sehen ihre Interessenvertretung dagegen im *Deutschen Schwerhörigenbund e.V.*

Des Weiteren finden in Deutschland seit 1993 regelmäßig die *Kulturtage der Gehörlosen*[7] statt, um die Gruppenidentität zu stärken und gegenseitig Wissen zu vermitteln. Darüber hinaus gibt es Workshops, Vorträge und Ausstellungen, die im Zusammenhang mit Gehörlosigkeit resp. Hörschädigung stehen, die auch für hörende Interessenten angeboten werden.

Im Sportbereich sind Gehörlose ebenfalls aktiv. Aus den einstigen *International Silent Games*, erstmals in Paris 1924, später *Gehörlosen-Weltspiele*, entstanden die

---

5 Siehe *http://www.gesetze-im-internet.de/bgg/__6.html.*

6 Generell wird durch die UN-Konvention ein Paradigmenwechsel innerhalb der Gesellschaft angestrebt. Vgl. hierzu Bundesministerium für Arbeit und Soziales, Referat Information, Publikation, Redaktion (BMAS) (Hrsg.) (2010). In Deutschland wurde die UN-Konvention ratifiziert und trat im März 2009 in Kraft.

7 Vgl. hierzu *http://www.gehoerlosen-kulturtage.de/.*

heutigen olympischen Spiele der Gehörlosen, welche vom Internationalen Olympischen Komitee (IOC) anerkannt sind: die so genannten *Deaflympics*.[8]

Begriffspluralität gehörlos/taub. Auffällig in sowohl älterer als auch jüngerer Literatur zur DGS und Gehörlosengemeinschaft ist die parallele Verwendung von *gehörlos* bzw. *taub*. Fischer (2010) beschreibt die Entwicklung der Begriffe *gehörlos* und *taub* in Deutschland aus wissenschaftlich-biographischer Sichtweise und konstatiert, dass sich die Gemeinschaft der Gehörlosen bzw. Tauben intensiv damit auseinandersetzt. Seit den 80er Jahren werde die veraltete Bezeichnung *taubstumm* aktiv abgelehnt und durch *gehörlos* ergänzt bzw. ersetzt. Da dieser aufgrund des Suffixes *-los* einen defizitären Charakter impliziert (aufgrund des „Nicht-Hören-Könnens"), wird er allmählich durch *taub* ergänzt (ebd. 2010: 395). Weiterhin verweist Fischer (2010) darauf, dass im politischen und universitären Kontext bewusst das Wort *taub* für Gehörlose verwendet werde (395). Inwieweit sich eine Bezeichnung durchsetzt, lässt sich zum momentanen Zeitpunkt nicht abschätzen, weil beide Begriffe synonym im Alltag verwendet werden.

Obwohl die Bezeichnung *taubstumm* von Hörgeschädigten als diskriminierend empfunden und überwiegend abgelehnt wird, findet sie weiterhin Anwendung, vorwiegend innerhalb der hörenden Mehrheitsgesellschaft (vgl. Clarke 2006; Vogel 2006) – vermutlich weniger aus einer negativen, diskriminierenden Absicht heraus, als vielmehr aufgrund von Unwissenheit über die Thematik Gehörlosigkeit/Hörschädigung und Gebärdensprache (in informellen, aufklärenden Gesprächen kann dies stets festgestellt werden; Beobachtungen M.P.). Als typisches Beispiel sind medizinische Settings zu nennen, bei denen regelmäßig die Bezeichnung *taubstumm* für hörgeschädigte Patienten zur Anwendung kommt (Quelle: informelle Gespräche mit Gehörlosen; wiederkehrende Beobachtungen M.P.).

[8] Vgl. hierzu *http://www.deaflympics.com/* oder *http://www.bmi.bund.de/SharedDocs/Glossareintraege/DE/D/deaflympics.html?nn=366856*.

2.3 Schriftsprachkompetenz von hörgeschädigten Menschen

In diesem Abschnitt wird zunächst auf das deutsche Schriftsystem Bezug genommen, um anschließend ein kurzes Bild der Schriftsprachkompetenz von Hörgeschädigten zu zeichnen und die Bedeutung guter Schriftsprachkenntnisse darzulegen.
Nachdem es zunächst unterschiedliche, schriftsprachliche Formen der regionalen Varietäten des Deutschen gab, hat sich – vor allem nach der Einführung des Buchdrucks im 15. Jahrhundert – eine einheitliche Schreibweise allmählich durchgesetzt (vgl. Augst & Müller 1996). Etwa im 18. Jahrhundert konnte sich ein standardisiertes, auf der lateinischen Alphabetschrift basierendes deutsches Schriftsystem etablieren (vgl. ebd.: 1500; Eisenberg 1996: 1451).
Jedoch finden sich in der Literatur *unterschiedliche Sichtweisen* darüber, was Schriftsprache ist. Poppendieker (1991: 128) und Schüßler (1997: 129) haben ähnliche Konzepte, denn sie bezeichnen die Schriftsprache als Code bzw. als Kodierungsform der deutschen Lautsprache. Auch Günther (1993: 342f.) schreibt von der „schriftliche[n] Modalität der Verbalsprache […]" innerhalb seiner Ausführungen zur schulischen Förderung gehörloser Kinder. Sein Konzept der Zweisprachigkeit im Unterricht baut auf zwei Sprachen auf, nämlich auf der Deutschen Gebärdensprache und auf der Verbalsprache. Jene gliedert sich in die mündliche Modalität und in die schriftliche (vgl. ebd.; Ruoß 1994: 228f.). Augst & Müller (1996: 1501) sehen in der mündlichen und schriftlichen Sprache eine allgemeine Bezeichnung („Abstraktion"), sprechen aber gleichermaßen von Sprachformen, die sich „nur aus mündlichen bzw. schriftlichen Äußerungen" ableiten lassen. Die Autoren führen weiterhin aus, dass mündliche bzw. schriftliche Sprache sich verändert und die Merkmalsgrenzen fließend werden (vgl. ebd.). Dennoch schließen Augst & Müller (1996: 1501) nicht aus, dass die Schriftsprache unter bestimmten Bedingungen eine eigenständige Sprache sein könnte.
Poppendieker (1992) merkt richtig an[9], dass sich jedoch keine eindeutigen schriftlichen bzw. mündlichen Formen der Lautsprache definieren lassen. Vielmehr befinden sie sich auf einem

> […] Kontinuum von gesprochenen und geschriebenen Lautsprachformen, an dessen Ende sich jeweils Idealkategorien von *der typischen Form der geschriebenen* und *der typischen Form der gesprochenen* Lautsprache setzen lassen. (40f.; Hervorh. i.O.).

---

9 Poppendieker bezieht sich an dieser Stelle auf Leech et al. (1982: 140).

Bei den zuerst genannten Sichtweisen zu Schriftsprache geht es eher darum, ob es sich um eine eigenständige Sprache oder aber eine Kodierung der Lautsprache handelt. Losgelöst von der starren Begriffsebene ist es sinnvoll, nach Poppendieker (1992) von einem *Kontinuum* mit fließenden Grenzen zu sprechen, da Sprache ein höchst komplexes System und zugleich individuell verschieden ist (vgl. Schwarz-Friesel 2007: 18ff.). Sprache lässt sich nicht eingrenzen, dies lässt sich auf ihr inhärentes Merkmal zurückführen: Sprache ist dem stetigen Wandel unterworfen.

Dennoch vermag keine der o.g. AutorInnen eine weiterführende Differenzierung vorzunehmen, sondern sie verwenden die Termini Mündlichkeit und Schriftlichkeit – im Sinne von Koch/Oesterreicher (1994) – in doppelter Hinsicht. Diese Autoren konstatieren, dass sich die Begriffe *mündlich* bzw. *schriftlich* sowohl auf das „*Medium* der Realisierung sprachlicher Äußerungen [...]" beziehen, als auch auf „die *Konzeption*, die die Äußerungen prägt." (ebd.: 587; Hervorh. i. O.). Sie prägen daher die Begriffe *mediale Mündlichkeit bzw. mediale Schriftlichkeit*, wobei *mündlich* die phonische, *schriftlich* die graphische Realisierung meint. Das heißt, eine Äußerung kann entweder mündlich oder schriftlich erfolgen, auch ein Wechsel kann stattfinden.

Koch/Oesterreicher (1994) sprechen außerdem von *konzeptioneller Mündlichkeit bzw. konzeptioneller Schriftlichkeit*, welche sie auf einem *Kontinuum zwischen Nähe und Distanz* verorten (Abb. 1).

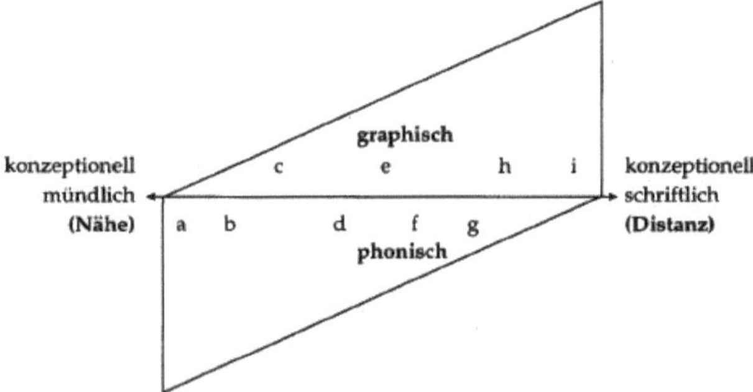

Abb. 1 : Schematische Anordnung verschiedener Äußerungsformen im Feld medialer und konzeptioneller Mündlichkeit/Schriftlichkeit (a = familiäres Gespräch, b = Telefongespräch, c = Privatbrief, d = Vorstellungsgespräch, e = Zeitungsinterview, f = Predigt, g = wissenschaftlicher Vortrag, h = Leitartikel, i = Gesetzestext) [in Koch/Oesterreicher 1994: 588, Abb. 44.1]

Ein Beispiel aus Koch/Oesterreicher (1994) ist ein wissenschaftlicher Vortrag (g): medial phonisch und konzeptionell schriftlich. Das bedeutet, dass der Inhalt zwar mündlich dargeboten wird, jedoch im Stile des Formellen; das Gesagte wirkt rational, kaum umgangssprachlich und im Vorfeld exakt geplant. Für eine genaue Einordnung einer Äußerung ist das Kontinuum zwischen Nähe und Distanz von Bedeutung. Die Autoren sprechen von „raum-zeitlicher Nähe oder Distanz der Kommunikationspartner“, welche sie auch auf die soziale, emotionale und referentielle Nähe bzw. Distanz ausweiten (vgl. ebd. 1994: 588). Übertragen auf verschiedene Kommunikationssituationen muss demnach auch unterschieden werden, in welchem Verhältnis die Gesprächspartner zueinander stehen, ob sie bspw. vertraut miteinander kommunizieren und in welcher sozialen/beruflichen Rolle das Gespräch stattfindet.

Ob eine sprachliche Äußerung, in Abhängigkeit von der medialen Realisierung, eher dem konzeptionell Mündlichen, der Nähe, zuzuordnen ist oder aber konzeptionell von Distanz geprägt ist (konzeptionelle Schriftlichkeit), wird laut Koch/Oesterreicher (1994) zusätzlich durch folgende Charakteristika verschiedener Kommunikationssituationen beeinflusst:

- Emotionalität
- Situations- und Handlungseinbindung
- Verhältnis des Referenzbezugs zur Sprecher-*origo* (zit. n. Bühler 1965: 102ff.)
- kommunikative Kooperation der Rezipienten
- Dialog oder Monolog
- Spontaneität oder Reflektiertheit/Geplantheit
- Themenfixierung

In das Schema aus Abb. 1 lassen sich mit Hilfe der aufgelisteten Charakteristika jegliche Kommunikationssituationen gezielt einordnen. Somit werden die einzelnen Merkmale der jeweiligen Äußerungssituation gleichzeitig erkennbar. Die Begriffe der konzeptionellen bzw. medialen Mündlichkeit/Schriftlichkeit nach Koch/Oesterreicher (1994) werden daher in der vorliegenden Studie zu Grunde gelegt. Anzumerken ist, dass eine Einordnung immer auch subjektiv ist, je nach individuellen Sprachkompetenzen (vgl. auch Koch/Oesterreicher 1994: 588).[10]

[10] Koch/Oesterreicher (1994: 587) verweisen auf den Ursprung ihres Schemas in Koch/Oesterreicher (1985).

Nachdem die Konzepte zur Schriftsprache erklärt wurden, soll auf die *Schriftsprachkompetenz von Hörgeschädigten* eingegangen werden.
Hörgeschädigte Menschen haben aufgrund ihrer – medizinisch betrachtet – körperlichen Einschränkung einen erschwerten Zugang zur deutschen Lautsprache und Schriftsprache, sofern es in Deutschland noch kein reales inklusives Schulsystem gibt.[11] Krausneker (2006) betont, dass die Muttersprache gehörloser Kinder die „natürlich erworbene gebärdete Erstsprache [ist]“ (39; vgl. auch Boyes Braem ²1992; BIH 2012: 25) und darüber „eine beliebige Lautsprache, z. B. Deutsch, wie eine Zweit/Fremdsprache gesteuert erlernt werden kann.“ (Krausneker 2006: 39).[12] Wichtig jedoch ist, dass hörgeschädigte Kinder, wie jedes andere Kind auch, „[...] eine voll funktionsfähige Sprache erwerben, d.h. eine grammatikalisierte Sprache mit ausreichendem Wortschatz. Ohne eine solche Sprache ist die Denkentwicklung gefährdet“ (Szagun 2011: 43; vgl. auch Krausneker 2006: 61; Hänel-Faulhaber 2011: 38). Hänel-Faulhaber (2011) betont in richtiger Weise, dass es „[h]ierfür [...] keine Rolle [spielt], ob es eine gesprochene oder gebärdete Sprache ist“ (38).
Die genannten Erfordernisse, ein hörgeschädigtes Kind in dessen Muttersprache zu fördern, ist zwar zweifelsfrei richtig. Dennoch bestehen individuell unterschiedlich ausgeprägte Ausgangssituationen des Mutterspracherwerbs gehörloser Kinder hörender Eltern, die Krausneker (2006) trefflich zusammenfasst, indem sie schreibt:

> Gehörlose Kinder hörender Eltern, haben – je nach Zeitpunkt der Feststellung ihrer Gehörlosigkeitund je nach Land, in dem sie leben und je nach Beratung und Verständnis der Eltern – also abhängig von zahlreichen äußeren Faktoren, ein sehr divergierendes und unter Umständen subideales sprachliches und kommunikatives Umfeld. (43)

Erfolgt die Förderung des hörgeschädigten Kindes nicht optimal, so kann es zu erheblichen Defiziten, allen voran in der sprachlichen Entwicklung kommen (vgl. u.a. Donath et al. 1996; Krammer 2001; Clarke 2006; Krausneker 2006: 49; Sacks 2008). Es ist an dieser Stelle unbedingt anzumerken, dass „[v]iele dieser Kinder hörender Eltern [...] erstmals in Kindergruppen oder in der Schule mit anderen visuell kommunizie-

[11] Das *Übereinkommen der Vereinten Nationen über die Rechte von Menschen mit Behinderungen* (ugs. UN-Konvention) trat 2008 in Kraft und löst den Begriff der Integration durch die Bezeichnung Inklusion ab. Für weitere Erläuterungen siehe *Bundesministerium für Arbeit und Soziales, Referat Information, Publikation, Redaktion* (2010).

[12] Vgl. hierzu auch Krausneker & Schalber (2007).

renden Menschen in Kontakt [kommen]" (Krausneker 2006: 43), da das elterliche Umfeld nur unzureichend aufgeklärt wird oder gar nicht bereit ist, sich auf die neue Situation einzustellen. Somit erwerben hörgeschädigte Kinder ihre Muttersprache bzw. „[...] Erstsprache, die Gebärdensprache des Landes, stark verzögert" (ebd.). Innerhalb des hiesigen Schulsystems werden sie bislang überwiegend mit der Laut- und Schriftsprache konfrontiert, welche sich folgerichtig nur unzureichend entwickeln kann, sobald eine vollständig entwickelte Muttersprache fehlt[13], worauf nachstehend eingegangen wird.

Laut Poppendieker (1991: 128) meint Schriftsprache die Kompetenz zum Lesen und Schreiben von (deutschen) Texten, die konzeptionell schriftlich angelegt sind. Diese Definition bildet die Grundlage für die weiteren Erläuterungen im Text und wird mit dem gebräuchlichen Ausdruck *Schriftsprachkompetenz* zusammengefasst.

Übereinstimmend wird in der Literatur innerhalb verschiedener wissenschaftlicher Disziplinen wie Lingusitik, Psychologie und (Sonder-)Pädagogik darauf verwiesen, dass die Schriftsprachkompetenz von hörgeschädigten Menschen, insbesondere von Gehörlosen, nicht vollständig ausgebildet ist (vgl. Poppendieker 1991: 130; Ruoß 1994: 151f.; Krausmann 1999: 74; Fischer et al. 2000: 458; Eisenwort et al. 2002: 259; Lorbach & Kramer 2013: 280f.).

Besonders Krammer (2001) fasst in ihren Ergebnissen zur Literaturrecherche zusammen[14], „dass die Schriftsprachkompetenz der meisten Gehörlosen auf einem erschreckend niedrigen Niveau angesiedelt ist" (2). Sogar in der von Gehörlosen herausgegebenen Zeitschrift *selbstbewusst werden* (sbw-Schriftleitung 2003) wird darauf eingegangen:

> Über solche Sprachkrüppel unter unseren Schicksalsgenossen sollte man sich Gedanken machen! Warum schreiben schätzungsweise 70% dieser Leute Kauderwelsch? Keine Beherrschung der deutschen Grammatik. Der an sich sehr magere Wortschatz reicht gerade noch für den Schriftverkehr aus. Und immer wieder fehlerhaftes Deutsch nach der Schulentlassung. (5)

---

[13] In Deutschland gibt es erste inklusive Beschulungen bzw. Beschulungsversuche, sei es in Kombination mit GebärdensprachdolmetscherInnen oder mit Personen der Eingliederungshilfe. Vgl. u.a. *http://www.taubenschlag.de/*.

[14] Krammer (2001) bezieht sich hierbei auf Csányi (1982), Webster (1986), Hogger (1990), Ruoß (1994) und Krausmann (1997).

Die sbw-Schriftleitung bezieht sich auf vorangestellte Textbeispiele von Gehörlosen, die ohne Ausnahme stark fehlerbehaftet sind. Die Autoren der Schriftleitung üben heftige Kritik an der Hörgeschädigtenpädagogik, die einerseits die Gebärdensprache zu wenig in den Unterricht integriert, andererseits das korrekte Erlernen der deutschen Schriftsprache zu wenig fördert.

An dieser Stelle muss in Bezug auf Deutschland vermerkt werden, dass hörgeschädigte Kinder vorwiegend in Förderschulen mit dem „Schwerpunkt Hören (und Kommunikation)“ eingeschult werden[15], in Schulen für Schwerhörige oder in gemischte Schulen, in denen zum Teil auch Kinder mit anderen körperlichen Beeinträchtigungen unterrichtet werden. In diesen Schulen wird weiterhin großer Wert auf lautsprachliche Erziehung gelegt. Bilinguale Unterrichtsversuche in Deutscher Gebärdensprache und Lautsprache oder aber gewünschte Inklusion eines gehörlosen Kindes in eine Regelschule wird erst seit wenigen Jahren versucht umzusetzen.

Doch Eisenwort et al. (2002) stellen in Bezug auf die „Vernachlässigung“ der Gebärdensprache bzw. Schriftsprachförderung in Schulen für Hörgeschädigte richtig fest:

> In der kulturellen Perspektive stehen Kommunikationsfähigkeiten in Gebärdensprache und sekundär in Schriftsprache im Mittelpunkt. Sie werden für bedeutungsvoller erachtet als gute Artikulationsfähigkeiten. (258f.)

Mit ‚guten Artikulationsfähigkeiten' ist eine saubere und deutliche Artikulation der Lautsprache gemeint. Viele Lebensläufe von Hörgeschädigten, insbesondere von Gehörlosen, sind geprägt durch kontinuierliches Sprach- und Sprechtraining. Speziell Vertreter der älteren Generationen berichten in informellen Gesprächen davon, für wie anstrengend sie dieses Artikulationstraining in ihrer Kindheit hielten.

Bereits Günther (1993) verweist auf die Vorteile einer zweisprachigen Erziehung in Schrift und Gebärdensprache:

> Funktionell und strukturell zeigt die schriftliche Modalität der Verbalsprache nur ihr zukommende Vorteile, die gerade für eine frühe Sprachanbahnung bei gehörlosen [sic] von bis heute kaum genutzter Bedeutung sind. (342f.)

[15] Eine Liste aller Schulen für Hörgeschädigte findet sich unter *http://www.deaflink.de/link.php3?land=&kat=2.*

Er stellt außerdem heraus, dass die konzeptionell schriftliche Modalität der Lautsprache über den visuellen Sinneskanal wahrgenommen wird – ebenso wie die Gebärdensprache (ebd.: 341). Somit sind auditive Kompetenzen nicht zwingend notwendig, um die Schriftsprache zu erlernen. Das Erlernen der Schriftsprache eignet sich daher für gehörlose Personen.
Auch Grünecker betont die Vorteile des Schriftspracherwerbs für hörgeschädigte Kinder (2012: 81f.). Generell plädiert sie dafür (2012),

> [...] dass jedes Kind die Möglichkeit bekommen muss, sich mit allen Ebenen und Dimensionen, Aktivitäten und Funktionen der Schriftsprache auseinanderzusetzen und diese für sich zu erschließen; ganz im Sinne eines ‚methodenintegrierenden Verfahrens', in dem die Ansprüche der Sache (also die Modalitäten der Schriftsprache) in ein produktives Verhältnis zu den Ansprüchen, Fähigkeiten und Entwicklungsmöglichkeiten des Kindes gebracht werden." (87f.)

Im Vergleich dazu verfügen schwerhörige Personen – je nach Art und Ausprägung – über ein Restgehör, über welches sie Sprache auditiv wahrnehmen können. Ihre Schriftsprachkenntnisse können sich demzufolge besser entwickeln als die der Gehörlosen. Spät ertaubte, erwachsene Menschen haben die Lautsprache bereits vollständig erlernt und ihre Schriftsprachkompetenz ist mit denen Hörender vergleichbar. Spät ertaubte Kinder hingegen weisen auch hier Defizite auf, je nach dem, in welchem Alter sie ihre Hörfähigkeit verloren haben.
Dass jedoch eine *gute Schriftsprachkompetenz von hohem Stellenwert* ist, lässt sich mit Augst & Müller (1996: 1501) gut umreißen. Sie skizzieren die deutsche Schriftsprache als „quasi [...] Synonym für Hochsprache, Kultursprache, Literatur-/Dichtersprache und Wissenschaftssprache." Solche Begriffe implizieren Bildung und Wissen, Geist, Klugheit und Intelligenz. Ein gegenteiliger Eindruck jener Assoziationen kann von Menschen entstehen, die fehlerhaftes Deutsch bzw. ~ schriftliches Deutsch verwenden. Dass diese pauschale Annahme jedoch nicht stimmt, kann in der vorliegenden Studie nicht erörtert werden, sondern sollte Teil soziolinguistischer, soziologischer und auch pädagogischer Forschung sein.
Dennoch ist die Relevanz guter Schriftsprachkenntnisse hoch, besonders für hörgeschädigte Menschen. Krammer (2001) stellt einen logischen Zusammenhang her, indem sie schreibt:

> Eine gute Schriftsprachkompetenz hat Auswirkungen auf mehreren Ebenen: Bessere Schriftsprachkompetenz -> besser informiert -> mehr Selbstbewußtsein -> bessere Berufschancen -> geringere Abhängigkeit von den Hörenden. (6)

Die Auswirkungen der Unterdrückung der Deutschen Gebärdensprache und ihrer Nutzer in vergangenen Zeiten sind bis heute spürbar. Hörgeschädigte zeigen ein vergleichsweise geringes Selbstbewusstsein, was zusätzlich aufgrund großer Bildungslücken verstärkt werden kann. Findet ein Unterricht und die Bildung von Kindern nicht in ihrer Muttersprache statt, so kommt es zu erheblichen Wissenslücken, weil sie dem Unterricht nicht folgen können. Die wenigsten Gehörlosen sind fähig, das Abitur zu machen und ein Studium aufzunehmen (vgl. Welter & Kohler 1992; Ruoß 1994; Sacks 2008). Wissenslücken könnten jedoch teilweise, wenn nicht sogar gänzlich, durch eine gute Schriftsprachkompetenz ausgeglichen werden. Denn Informationen und Wissen sind Voraussetzung für Bildung, welche wiederum eine Bedingung für die Sicherung des eigenen Lebensunterhaltes darstellt.

Das Wissen ist in unserer Kultur schriftlich fixiert, sowohl in herkömmlichen Medien als auch in den sog. „neuen Medien" wie dem Internet, wenngleich das Internet nicht *neu* sein kann mit seiner mehr als 40-jährigen Historie (vgl. Beck 2010: 16). Welche Bedeutung dieses Medium für hörgeschädigte Menschen haben kann, wird im nächsten Punkt erläutert.

2.4 Verwendung von Internetdiensten durch hörgeschädigte Menschen

Trotz überwiegend mangelhafter (Schrift-)Sprachkompetenz Hörgeschädigter bietet das Internet mit seinen vielfältigen, schriftbasierten Internetdiensten eine Vielzahl an Vorteilen für diesen Personenkreis. Günther (1993) verweist darauf[16], dass

> [v]erschiedene Untersuchungen [...] deutlich gemacht [haben], daß für alle Arten von Gehörlosen [...] die graphische Information die beste und meist zuverlässigste ist, wenn sie nur gelernt haben, das geschriebene Wort zu verstehen. (352)

Die graphische Information, also der schriftliche Text in Büchern und Zeitungen o.ä., der heutzutage auch mittels des Computers dargeboten werden kann (schriftbasierte

[16] Günther bezieht sich an dieser Stelle auf van Udens (1984).

Webforen, E-Mail u.ä.), kann von Hörgeschädigten aufgrund der visuellen Modalität der (Computer-)Schrift prinzipiell einfach genutzt werden.[17] Für den Zugang zum Internet bedarf es außerdem keiner speziellen, zusätzlichen Technologien (vgl. Reich & Miesenberger 2011: 4).

In verschiedenen Studien wurde der Nutzen (schriftbasierter) moderner Kommunikationsformen für hörgeschädigte Menschen untersucht.

Für den *angelsächsischen* Raum ist zum einen eine Studie von Bishop et al. (2000) zu nennen. Sie ermittelten anhand von Fragebögen die Relevanz von computervermittelter Kommunikation (CvK, engl.: CMC) für Hörgeschädigte. Die Ergebnisse geben einen ersten Eindruck dafür:

> Physical proximity, disability and time are no longer factors, and through the use of CMC many deaf/hearing-impaired individuals experience a sense of independence for the first time. (1080)

Zum anderen sind Pilling & Barrett (2007) zu nennen. Sie stellen fest, dass E-Mail, Instant Messaging (IM) und Handykurznachrichten (SMS) von Hörgeschädigten am häufigsten verwendet werden. Die Kommunikationsformen Chat oder Foren wurden nicht untersucht. Dennoch konnten die Autoren anhand von Fragebögen feststellen, dass die hörgeschädigten Nutzer allgemein von den neuen Kommunikationstechnologien profitieren und dankbar für diese Möglichkeiten sind (vgl. ebd.: 92, 100). Der Grund hierfür liegt vor allem darin, Kontakte knüpfen zu können, Zugang zu Informationen jeglicher Art zu haben und unabhängiger von anderen Menschen zu sein (vgl. ebd.: 100ff.; siehe auch Bishop et al. 2000: 1080; Grünecker 2012: 76).

Für den *deutschsprachigen* Raum ist zunächst Krammer (2001) zu erwähnen. Die Autorin verwies anhand ihrer Literaturrecherche ebenfalls darauf, dass gehörlose Nutzer über das Internet „relativ einfach mit anderen Menschen (schriftlich) in Kontakt […] treten [können]“ und je nach Bedürfnis auf das Internet zugreifen können (ebd.: 2).

Eine weitere Studie wurde von *Aktion Mensch e.V.* herausgegeben (nachfolgend: Berger et al. 2010). Es wurde das Nutzungsverhalten von Menschen mit Behinderung empirisch untersucht. Mehr als ein Drittel der Befragten sind hörgeschädigt und ha-

---

[17] Ausführliche Belege zu den Vorteilen der Schriftverwendung für Hörgeschädigte finden sich in Poppendieker (1991: 128), Günther (1993: 343), Ruoß (1994: 151f.) und Schüßler (1997: 13).

ben langjährige Interneterfahrung (ebd.: 46). Zusammenfassend wird Folgendes dargestellt:

> Schwerhörige und gehörlose Befragte betonen die Vorteile des Internet als Kommunikationsmittel [...]. Dabei eröffnet das Internet für viele der befragten Behinderten die Möglichkeit, andere Personen erreichen zu können, die man sonst nicht erreichen kann. (62)

In Bezug auf *gehörlose Internetnutzer* konnte die Studie aufzeigen, dass der Informationscharakter der unterschiedlichen Angebote im Vordergrund steht (vgl. ebd.: 47). Besonders die Kommunikation mit anderen Menschen zählt hier zu den meist genannten Motiven für die Nutzung des Internet. Sie sei einfacher und es sei möglich, mit mehreren Teilnehmern gleichzeitig kommunizieren, z.B. im Chat oder in Foren (Berger et al. 2010: 47). Zudem könne „mit nicht-gehörlosen Nutzern kommuniziert werden, [... wodurch] die Kompensationsfunktion des Internet ebenfalls gestärkt wird“ (ebd.). Die mühsame Kommunikation mit nicht-gebärdensprachkompetenten Personen wird kompensiert, sofern kein Gebärdensprachdolmetscher dabei ist. Auch das Wissensdefizit unter vielen Gehörlosen wird durch Informationsbeschaffung via Internet versucht auszugleichen. Es wird jedoch auch auf die Schriftsprachkompetenz verwiesen, welche unter Gehörlosen unterschiedlich ausgeprägt ist und zu Differenzen innerhalb der Gehörlosengemeinschaft führen kann (Berger et al. 2010: 122).
Bezüglich *schwerhöriger Internetnutzer* konnte die Studie zeigen, dass die Defizite in der lautsprachlichen Kommunikation mit Hilfe des Internet zum Teil ausgeglichen werden können – genannt werden vor allem die Nutzung von Foren, Blogs und Chats (Berger et al. 2010: 84f., 118). Da diese Personengruppe im Allgemeinen weniger Schwierigkeiten mit der deutschen Schriftsprache hat als Gehörlose, agieren sie sicherer in schriftbasierten Internetanwendungen und empfinden jene Kommunikation als barriereärmer (vgl. ebd.; Reich & Miesenberger 2011).
Abschließend kann konstatiert werden, dass Hörgeschädigte, unabhängig von ihren individuellen Kompetenzen, die verschiedenen Internetanwendungen nutzen. Dabei stoßen insbesondere gehörlose Nutzer beim Verstehen der deutschen Schriftsprache auf Barrieren. Es wird deshalb von verschiedenen Seiten seit geraumer Zeit gefordert, die Internetanwendungen an einen möglichst großen Personenkreis sprachlich anzupassen, die Inhalte strukturierter darzustellen und durch bildliche Darstellung (Vi-

deos, Gebärdensprachfilme, Bilder, Grafiken u.v.m.) zu ergänzen (Berger et al. 2010; Reich & Miesenberger 2011: 4).[18]

Wenn Hörgeschädigte lautsprachlich kommunizieren und ihre Stimme benutzen, wirkt dies für Hörende zunächst unverständlich und befremdlich. Sie sind oftmals irritiert, verunsichert oder gar abweisend gegenüber den gehörlosen, spät ertaubten oder schwerhörigen Menschen (Ruoß 1994: 130ff.; Fischer et al. 2000: 457). Es ist daher nachvollziehbar, dass hörgeschädigte Menschen auf moderne Kommunikationsmöglichkeiten im Internet zurückgreifen, um mit anderen auf (in)formeller Ebene zu kommunizieren – unabhängig vom Hörstatus –, zum Beispiel via E-Mail, Forum oder Chat (vgl. auch Schüßler 1997: 13; Krammer 2001: 6). Speziell für den beschriebenen Personenkreis existieren viele eigene, deutschsprachige Foren, wie z.B. *http://www.gl-cafe.de/* oder *http://www.schwerhoerigenforum.de/*.
In den nachfolgenden Kapiteln werden zunächst die Grundlagen zu computervermittelter Kommunikation erläutert, um weiterführend schriftbasierte Webforen in den theoretischen Kontext einzuordnen.

[18] Vgl. hierfür auch Lorbach & Kramer (2013). Vgl. bspw. auch das Internetlernportal *http://www.vibelle.de/*, welches speziell für hörgeschädigte Menschen entwickelt wurde. Vgl. hierfür auch Lorbach & Kramer (2013).

3. Technisch vermittelte interpersonale Kommunikation

Erste theoretische Grundlagen zur Kommunikation mittels neuer elektronischer Medien wie dem Computer wurden vor allem von Höflich herausgearbeitet. Höflich (1996) prägte den Begriff der *technisch vermittelten interpersonalen Kommunikation.* Er umfasst alle technik-basierten Kommunikationsdienste zwischen Menschen – beginnend mit der Telekommunikation via Telefon bzw. Mobilfunktelefon, über Radio und Fernsehen, bis hin zur Kommunikation über den Computer (vgl. ebd.). Höflich (1996: 12) verweist auch auf die zukünftige Verschmelzung der genannten Medien, die sich bereits damals abzeichnete. Aktuelle technische Entwicklungen belegen diese Annahme: Das herkömmliche Festnetztelefon wurde maßgeblich erweitert durch die Nutzung des Mobilfunktelefons (Handy), welches sich wiederum, dank ständig erweiterter Technik, zu einem tragbaren Medium der computervermittelten Kommunikation etabliert hat: das sogenannte *Smartphone.* Es bietet nahezu alle Anwendungsmöglichkeiten eines herkömmlichen Computers (im klassischen Sinne).[19] Auch über neu entwickelte Fernsehgeräte, sog. *Smart TV,* ist ein Zugriff auf das Internet möglich.

Diese und viele weitere technische Entwicklungen machen „die Grenzen zwischen Massen- und Individualkommunikation fließend […]“ (Höflich 1996: 12).

Für die Kommunikation mittels Computer gibt es keine einheitliche Verwendung der Begrifflichkeiten *computervermittelte Kommunikation (CvK), internetbasierte Kommunikation* oder *Online-Kommunikation* und weiteren. Der erste Begriff wird aus der englischen Bezeichnung *computer-mediated communication* (CMC) abgeleitet (vgl. Höflich 1996; Beck 2006); Stegbauer (2001) verwendet synonym zu internetbasierter Kommunikation die Bezeichnung *computerbasierte Kommunikation,* wobei das Internet als solches nur ein Dienst ist, der über die Computertechnik ermöglicht wird und somit nicht gleichgesetzt werden sollte.

Nachfolgend wird eine theoretische Einordnung von *computervermittelter Kommunikation* und *Online-Kommunikation* vorgenommen. Anschließend wird das Internet als

[19] Zum Beispiel Zugang zum mobilen Internet, um sich auf Webseiten zu informieren, E-Mails zu versenden und zu empfangen, zu chatten u.v.m.

meist genutzte Form der CvK vorgestellt und auf internetspezifische Angebote eingegangen, im Fokus der Studie stehen dabei schriftbasierte Webforen.

3.1 Definition computervermittelte Kommunikation

Ein Teil der technisch vermittelten interpersonalen Kommunikation ist die CvK. Die DGPuK-Fachgruppe ‚Computervermittelte Kommunikation' definiert die auf den Computer basierte Kommunikation wie folgt (vgl. DGPuK-Selbstverständnispapier 2004):

> Computervermittelte Kommunikation (CvK) umfasst alle Formen der interpersonalen, gruppenbezogenen und öffentlichen Kommunikation, die offline oder online über Computer(netze) und digitale Endgeräte erfolgen. Derzeit dominieren dabei die über die technische Infrastruktur des Internet (TCP/IP) realisierten Kommunikationsmodi und Informationsdienste. Hinzu treten insbesondere Mobilfunknetze. (1)

Demnach findet diese Kommunikation zwischen Personen, zwischen Gruppen, privat oder öffentlich statt und kann sowohl online als auch offline über Speichermedien erfolgen (CD, DVD, USB-Stick etc.). Mobilfunknetze werden genannt, weil Mobilfunktelefone überwiegend mit computerähnlicher Technik ausgestattet sind und ein Zugang zum Internet und dessen Anwendungen möglich ist. Die Fachgruppe ‚CvK' (2010: 8f.) ergänzt diese Definition dergestalt, dass sie die Bedeutung der Offline-Medien als sukzessiv abnehmend einstuft und konstatiert, dass sich jener Begriff der *computervermittelten Kommunikation* in der Literatur nicht durchgesetzt habe. Deswegen verwenden die Autoren die Bezeichnung *Online-Kommunikation*, auch in Hinblick auf die zukünftige Nutzung von Online-Speicherplätzen (vgl. ebd.). Prinzipiell jedoch ist zu beachten, dass die Termini in Abhängigkeit zum Forschungsgegenstand verwendet werden müssen. Online-Kommunikation ist nur ein Teil von CvK und kann nicht für das Ganze System der CvK stehen, wenngleich die unterschiedlichen Online-Anwendungen (E-Mails, Websites, Chats, Blogs u.v.m.) heutzutage sehr populär sind.[20] Da diese Anwendungen bzw. Daten durch die Nutzer aktiv abgerufen werden müssen, spricht man beim Computer von einem *Pull-Medium*; Rundfunk und

[20] Man denke bspw. an das soziale Netzwerk *Facebook* oder das Chatprogramm *What'sApp*.

Fernsehen hingegen verbreiten „Darbietungen an die Allgemeinheit" und werden als *Push-Medien* bezeichnet (Beck 2006: 25).
Die Verwendung des Computers als Pull-Medium ergibt sich aus folgenden drei Computerrahmen[21], die für die Kommunikation über den Computer relevant sind und aktiv abgerufen werden müssen Höflich (2003: 80ff.) (Abb. 2).

a) öffentlich	disperses Publikum	dominante Einseitigkeit/ marginales Feedback *(Computer als Abrufmedium)*
b) öffentlich	Nutzerkollektiv/ „virtuelle Gemeinschaft"	Erwartung gegenseitiger Bezugnahmen mit aktiven Nutzern und passiven Nur-Lesern ("Lurker") *(Computer als Kontakt- und Diskussionsmedium)*
c) privat	Nutzergruppe/ „virtuelle Gemeinschaft"/ Individuum	persönliche Bezugnahme/ Gegenseitigkeit *(Computer als Medium technisch vermittelter interpersonaler Kommunikation)*

Abbildung: Multiple Rahmen computervermittelter Kommunikation

Abb. 2: Multiple Rahmen computervermittelter Kommunikation [in Höflich 2003: 80]

Für die öffentliche Kommunikation durch diverse Anwendungen wird der *Computer als Abrufmedium* genutzt (a). Feedbackmöglichkeiten sind eher gering bzw. nicht relevant, da die Nutzer vornehmlich Informationen aktiv abrufen. Typische Anwendungen für den Abruf von Informationen sind Websites, welche zunächst selektiert werden müssen, um rezipiert werden zu können (visuell, auditiv).
Öffentliche Kommunikation entsteht in der Nutzung des *Computers als Kontakt- und Diskussionsmedium* (b). Hierunter fallen die zeitversetzten – *asynchronen* – virtuellen Kommunikationsorte (z.B. Webforen, Newsgroups) und nahezu zeitgleiche – *synchrone* – Kommunikation im Online-Chat oder in Online-Spielen. Hierbei entstehen eigene Gemeinschaften mit zugrunde liegenden Verhaltens- bzw. Kommunikationsregeln. Eine gegenseitige Bezugnahme wird angestrebt, jedoch gibt es auch eine Vielzahl passiver, lesender Nutzer, sog. *Lurker*, die keinen eigenen Beitrag einstellen (vgl. Kuhlen 1998: 35; Stegbauer 2000: 23; Thimm & Ehmer 2000: 221; Höflich 2003: 81; Beck 2006: 109).

[21] Der Begriff basiert auf der Rahmenanalyse von Erving Goffman (1977).

Die dritte Form (c) bezieht sich auf die persönliche Verständigung zwischen den Nutzern, das heißt, der Computer fungiert *als Medium technisch vermittelter interpersonaler Kommunikation* (z.B. Schreiben und Beantworten privater E-Mails).
Höflich (2003: 82) merkt zudem an, dass (b) und (c) nur gemeinsam mit anderen Personen möglich ist und eine gegenseitige Referenz erforderlich ist.
Innerhalb des technischen Computerrahmens existieren multiple *Medienrahmen* (vgl. Höflich 2003: 39). Höflich (2003) meint damit

> [...] jene soziale Situationen, in denen sich die Kommunikationspartner befinden, wenn sie ein bestimmtes Kommunikationsmedium verwenden und insbesondere, wenn sie über dieses Medium miteinander verbunden sind. (39)

Der Rahmen steht metaphorisch für die „limitierten Handlungs- bzw. Kommunikationsmöglichkeiten" (Höflich 2003: 39), die durch die Kommunikation z.B. in Webforen entstehen, da sich die CvK im Allgemeinen von der Face-to-Face-Kommunikation unterscheidet (ebd.).[22]
Den vernetzten Computer mit seinen unterschiedlichen *Computerrahmen bzw. Medienrahmen*, zwischen denen auch gewechselt werden kann, bezeichnet Höflich (2003: 75f.) als *Hybridmedium*.[23]
Computervermittelte Kommunikation stellt einen Teil der elektronischen Kommunikation dar. Einen Überblick über jegliche Arten von Kommunikation mittels elektronischer Medien gibt Beck (2006: 31) in folgendem Schaubild (vgl. Abb. 3 auf der folgenden Seite):

[22] Missverständlich ist die Verwendung des Begriffs *Medium/Medien/medial*, da die Technologie Computer als Medium zur Kommunikation genutzt wird = medial vermittelte Kommunikation (vgl. Stegbauer 2000), der Nutzer sich aber gleichzeitig für ein jeweiliges Kommunikationsmedium innerhalb der Computertechnologie entscheidet, über das er mit anderen in Kontakt tritt bzw. Informationen abruft, zum Beispiel das Internet als Kommunikationsmedium mit seinem Medienrahmen.

[23] Den Begriff des Hybridmediums verwendet Höflich (2003) in Anlehnung an Morris & Ogan (1996).

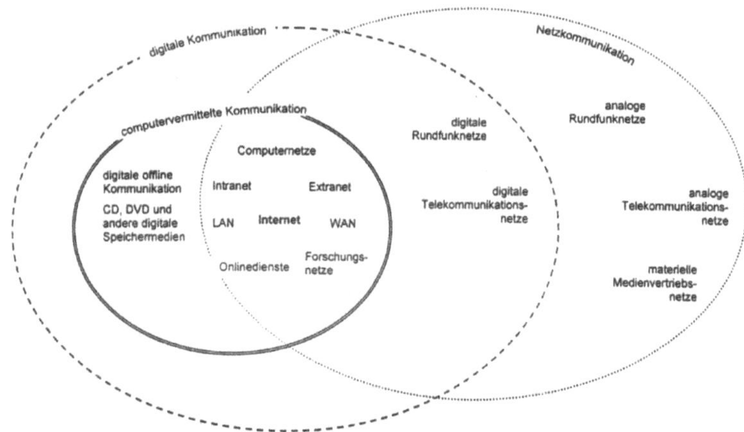

Abb. 3: Eingrenzung des Forschungsfeldes „computervermittelte Kommunikation im Internet" [in Beck 2006: 31, Schaubild 3]

Das Schaubild lässt einen groben Überblick über die Arten von CvK zu, wonach das Internet (fett gedruckt) mit dessen verschiedenen Anwendungen von zentraler Bedeutung ist. Es ist eines der populärsten Netzwerke (vgl. Beck 2010). Der Autor räumt jedoch ein, dass *digitale* bzw. *analoge Kommunikation* einerseits begrifflich bereits anders besetzt sind, andererseits traditionell analoge Medien heutzutage digitalisiert sind, wie das Telefon, Fernsehen u.s.w. (ebd. 2006: 28ff.).

3.2 Das Internet als populäre Form der CvK

Die Kommunikation via Internet erfolgt online und ist eine beliebte Form computervermittelter Kommunikation. Dennoch wird in dieser Studie nur bedingt von Online-Kommunikation gesprochen, da die Offline-Medien und Offline-Funktionen[24] weiterhin ihre Anwendung finden.

In der Informationswissenschaft wird das Internet definiert als ein „weltweites Computer-Netzwerk, das Computer aller Arten auf der Basis des Übertragungsprotokolls

[24] Man denke an *Microsoft Outlook Express* mit verschiedenen Offline-Funktionen.

TCP/IP[25] verbindet" (Kuhlen 1998: 328). Es gibt verschiedene Internetdienste, am bekanntesten und gebräuchlichsten ist das *World Wide Web* (siehe 3.3). Ältere, weniger genutzte Internetdienste sind bspw. TELNET, GOPHER, WAP u.a.[26]

Das Internet als Mediensystem lässt sich nach Kubicek et al. (1997: 32ff.) als *Medium erster Ordnung*[27] beschreiben: basierend auf einem technischen System, können Mitteilungen übermittelt, abgerufen und gespeichert werden. Unter *Medien zweiter Ordnung* verstehen die Autoren Medienorganisationen/Institutionen, die bestimmte Inhalte in einer bestimmten Form sowie technischen Darbietung an die Nutzer vermitteln, zum Beispiel Websites, Online-Suchmaschinen etc. (vgl. ebd.).

Ein äußerst beliebtes Medium zweiter Ordnung ist die internetbasierte, interpersonale Kommunikation via E-Mail (electronic Mail). Sie kann sowohl privat als auch öffentlich genutzt werden sowie einen oder mehrere Empfänger haben (Beck 2010: 23). Mittels des *Simple Mail Transfer Protocol (SMTP)* werden zumeist kurze textbasierte Nachrichten versendet (ebd.). Seit 1984 werden in Deutschland E-Mails zur Kommunikation angewandt.[28]

In der verwendeten Literatur wird häufig auf einen Systematisierungsversuch von Morris & Ogan (1996) zur CvK hingewiesen, welcher die Internetanwendungen nach Zeitdimension (synchron/asynchron) und Sozialdimension (Anzahl der Interaktionspartner) einteilt. Beck (2010) hat die Systematisierung aktualisiert (Abb. 4 auf der folgenden Seite):

[25] ‚Transmission Control Protocol/Internet Protocol' (TCP/IP) ist die Bezeichnung für eine Kombination von Protokollen zur sicheren Übertragung von Daten, die sich vor allem für große Netzwerke bzw. Distanzen (Internet, Intranet, WAN) eignet. IP regelt die Verpackung von Daten in einzelne Datenpakete, TCP sorgt für den Verbindungsaufbau und die sichere Zustellung. Die darüberliegenden Protokolle der einzelnen Dienste (http, telnet, ftp usw.) sind die eigentlichen Sender und Empfänger der Daten" (vgl. Kuhlen 1998: 334; Glossar).

[26] Vgl. *http://www.www-kurs.de/dienste.htm.*

[27] Kubicek et al. (1997) verwenden die Bezeichnungen in Anlehnung an Braun (1994).

[28] Für weiterführende Informationen siehe Kuhlen (1995; 1998) und Beck (2010).

Sozialdimension Konfiguration	Zeitdimension synchron	asynchron
one-to-one	MUD[2], MOO[3], IRC[4], Instant Messaging, Online-Spiele[5]	E-Mail, WWW, FTP[6]
one-to-few	MUD, MOO, IRC, Instant Messaging, Online-Spiele	Mailinglist, Blog
one-to-many	MUD, MOO, IRC, Online-Spiele	WWW, FTP, Mailinglist, Blog
many-to-one		WWW, FTP
many-to-many	Online-Spiele	Usenet[7], Bulletin Board System[8]

Abb. 4: Systematisierung der Online-Kommunikation nach Morris & Ogan (1996) [in Beck 2010: 20, Tab. 1; für Erklärung der Fußnoten siehe ebd.]

Jedoch stellt diese Unterteilung lediglich eine Orientierung dar, da die Zeitdimensionen ineinander übergehen und die „Übergänge zwischen dialogischer und polylogischer interpersonaler Kommunikation […] dabei fließend sein [können] […]“ (Beck 2010: 33). Medienbrüche können einfacher vollzogen werden, ohne dass dies von den Nutzern als störend empfunden wird (ebd.).

In Anlehnung an Beck (2010: 33) und unter Bezugnahme auf die Einteilung nach Kubicek et al. (1997) können die separaten Internetdienste auch als *hybride Medien zweiter Ordnung* bezeichnet werden.

Hinsichtlich der *sprachlichen Auffälligkeiten* in schriftbasierten Internetanwendungen hat Storrer (2000) verschiedene Merkmale herausgearbeitet. Es wird medial graphisch und konzeptionell eher mündlich kommuniziert, insbesondere in Foren, Chats und im privaten E-Mail-Kontakt (Storrer 2000: 1). Die Nutzer verändern im jeweiligen Medienrahmen (nach Höflich 2003) die Art und Weise, wie sie schriftlich miteinander kommunizieren (vgl. Storrer 2000: 1). Storrer (2000: 3) hat für die schriftliche Internetkommunikation, in Bezug auf Koch/Oesterreicher (1994) und Sieber (1998: 184ff.), wesentliche Merkmale bezüglich der konzeptionell mündlichen Ebene erfasst:

1. Lexik:	variationsarm, kurze u. einfache Wörter, umgangssprachlich und dialektal gefärbt, Interjektionen u.a.
2. Syntax:	parataktisch [Gleichrangigkeit von Teilsätzen], Syntaxfehler, teils unklare Satzgrenzen, unregelmäßige Verwendung von Gliederungssignalen und Kohäsionsmitteln u.a.

3. Kommunikative Grundhaltung: am vertrauten Alltagsgespräch orientiert, dialogisch/[polylogisch], schnelle Rezeption, kurze Planungszeiten für die Produktion, offene und freie Themenentwicklung, kommunikative Kooperation möglich

Die *dialogische und freie Themenentwicklung* zählt Storrer (2000) ursprünglich unter ‚Syntax' auf, jedoch zählen die Merkmale jener inhaltlichen Ebene zur kommunikativen Grundhaltung. Syntax bezieht sich hingegen auf die grammatikalische Ebene.
Die aufgelisteten Merkmale konzeptioneller Mündlichkeit sind „in den verschiedenen Diensten und Kommunikationsformen des Internet in sehr unterschiedlicher Weise ausgeprägt", wie Storrer (2000: 3) richtig anmerkt. Beispielsweise kann eine E-Mail für geschäftlichen/formalen Kontakt konzeptionell eher schriftlich angelegt sein. Sie verweist außerdem darauf, dass die räumliche Distanz der Kommunikanten durch den mittels Technik ermöglichten, raschen Datenaustausch kompensiert wird. Das heißt, die Gesprächspartner sind zwar räumlich voneinander entfernt, können dennoch wie in einem Alltagsgespräch nahezu zeitlich synchron miteinander über die Schrift kommunizieren z.B. im Chat (ebd.). Doch auch der Zeitaspekt (synchron/asynchron) ist je nach Anwendung verschieden. Beispielsweise ist die E-Mail-Kommunikation als asynchrone Kommunikation zu bezeichnen, jedoch können Gesprächspartner durch sofortiges und zügiges Antworten und gegenseitige Bezugnahme beinah zeitgleich kommunizieren (vgl. Beck 2010: 23), d.h. die Asynchronität rückt in den Hintergrund.

3.3 Populärer Internetdienst: das World Wide Web

Ein sehr häufig genutzter Teil des Internet ist das *World Wide Web (WWW, Web, Web 2.0, W3)*, welches Anfang der 1990er-Jahre entwickelt wurde. Es kombiniert Multimediatechnik mit der Hyperlinktechnik auf der Basis des *Hypertext Transfer Protocol (HTTP)* (vgl. Kuhlen 1995: 471; 1998: 336; Beck 2006: 57). Internetadressen des WWW beginnen daher mit *http://www....*
Fälschlicherweise wird das Internet oft gleichbedeutend mit dem World Wide Web verwendet, das als beliebtester Internetdienst zählt (vgl. Kuhlen 1995: 471; ebd.

1998: 63; Beck 2006: 57). Jedoch ist das WWW als Medium zweiter Ordnung (nach Kubicek et al. 1997) dem Internet als Medium erster Ordnung untergeordnet.
Gebräuchliche Anwendungen im Web mittels unterschiedlicher Software sind das Schreiben und Empfangen von *Electronic Mails (E-Mails)*, das Abrufen von *Websites* (Präsentationen im WWW), Kommunikation über *Social Media/Social Networks* (Facebook, Myspace etc.), die Nutzung von Suchmaschinen und die Beteiligung an Webforen (vgl. Kuhlen 1998; Beck 2006). Die elektronischen Daten der Webanwendungen werden auf sog. *Servern* gespeichert und können mittels des Protokolls abgerufen werden (vgl. Kuhlen 1995: 471f.; Beck 2006: 57f.). Hierfür werden *Browser*[29] benötigt, die anhand einer Software die Daten für ihre letztendliche Anwendung darstellt (ebd.).
Abschließend lassen sich die zentralen Kennzeichen des *Kommunikationsmediums Computer* mit den Worten Höflichs (1996) zu technisch vermittelter Kommunikation zusammenfassen:

> 1. Medien sind Artefakte – Produkte – die sozial angeeignet werden und symbolischen Wert haben.
> 2. Medien werden in den Prozeß der interpersonalen Kommunikation zwischengeschaltet und erfordern eigene, von der Face-to-Face Kommunikation abweichende prozedurale Regeln in Form einer Medienetikette.
> 3. Medien transportieren Inhalte, die mit einem sozial normierten, standardisierten Gebrauch verbunden sind und in einem metakommunikativen Sinn die Interpretation der medial vermittelten Inhalte beeinflussen. (299)

[29] Zum Beispiel *Mozilla Firefox, Google Chrome, Internet Explorer* u.v.m.

4. Schriftbasierte Webforen

Eine beliebte Webanwendung zur Kontaktaufnahme, zur interpersonalen Kommunikation und zum Wissenstransfer mit anderen Personen stellen *schriftbasierte Webforen* dar. Es existiert jedoch in der verwendeten Literatur kaum eine klare begriffliche Abgrenzung zwischen *newsgroups* und *Internetforen*, die zwar ähnliche Charakteristika aufweisen[30], jedoch unterschiedliche (technische) Grundlagen besitzen. *Newsgroups*[31] wurden 1979 in den U.S.A. entwickelt und basieren auf dem *Usenet*; man benötigt eine bestimmte Newsreader-Software. Bishop et al. (2000; Großbritannien) unterscheiden zwischen *newsgroups* und *discussion forums* (1080).

Internetforen hingegen sind „WWW-Applikationen" (Stegbauer 2001: 16; siehe auch Kuhlen 1998: 7-10). Kuhlen (1998) bezeichnet sie auch als „webbasierte Foren" (46f.), „Web-Foren" (59f.) oder „Diskussionsforen" (59); *newsgroups* werden unter „USENET-Newsgroups" (47) zusammengefasst. Als Oberbegriff für beide gebraucht Kuhlen (1998) den Ausdruck der „elektronische Kommunikationsforen". Auch Fiedler & Neverla (2003) unterscheiden zwischen „Newsgroups im Usenet" (561) und „webbasierende[n] Foren und Diskussionsgruppen" (561).

Höflich (1996) verwendet die Bezeichnung „elektronische Foren" (283) und nimmt keine weitergehende Differenzierung vor, da dies nicht Schwerpunkt seiner Ausführungen ist. Ähnlich erwähnt Höflich (2001) auch den Begriff der „Online Foren" (24) als Beispiel für seine Erklärungen, aber auch eine allgemeine Nennung von „Foren computervermittelter Kommunikation" erfolgt (Höflich 2003: 233). Ebenso allgemein werden „Foren" in Berger et al. (2010: 47, 83f., 118 und weitere) benannt und nicht näher definiert.

Zusätzlich gibt es in der verwendeten Literatur verschiedene deutschsprachige Bezeichnungen, aus deren Kontext zum Teil nicht deutlich wird, ob tatsächlich *newsgroups* gemeint sind oder ob von Internetforen bzw. Webforen gesprochen wird: Thimm & Ehmer (2000: 220) und Beck (2006: 102) sprechen gleichermaßen von *newsgroups* als „Diskussionsforen", meinen jedoch nicht die schriftbasierten Internetforen auf Basis des WWW. Storrer (2000) bezeichnet *newsgroups* als „Nachrichten-

[30] Dies führte anfangs zu Irritationen auf Seiten der Autorin bei den Recherchen zu dieser Studie.
[31] Für weitere Informationen siehe Beck (2006: 102ff.).

foren" (7), basierend auf dem *Usenet*. Döring (2000) schreibt von „Newsgroup" (1) und „Online-Forum" (6), jedoch werden die Begrifflichkeiten nur kurz genannt, denn sie erläutert in einem Überblick den Zusammenhang zwischen Internet und Identität. Da es keine durchgehend einheitliche Bezeichnung gibt, wird für diese Studie ein erweiterter Begriff im Sinne Kuhlens (1998) verwendet: **schriftbasierte Webforen**. Begründet werden kann dies damit, dass zum einen der Modus der Kommunikation genannt wird – die mediale Schriftlichkeit, zum anderen wird dem Leser/der Leserin klar, dass es sich um Foren im Internet handelt, und zwar basierend auf dem am häufigsten genutzten Internetdienst, dem World Wide Web (siehe 3.3). Zudem ist der Begriff passend, da das Nutzungsziel (Diskussion, Information etc.) nicht vorweggenommen wird, da dies individuell vom Nutzer abhängig ist und sich die persönlichen Nutzungsmotive nicht eindeutig bestimmen lassen. Kuhlen (1998) setzt *Kommunikationsforen* mit *Diskussionsforen* gleich und argumentiert, dass letztere „primär den Sinn und Zweck der Diskussion" verfolgen (59). Dies schließt scheinbar die passiven Nutzer (Lurker) aus, die durchaus individuelle Motive verfolgen, zum Beispiel die Beschaffung von Informationen durch das reine Lesen in schriftbasierten Webforen. Diese These ist allerdings nicht belegt; eine empirische Untersuchung zur *Motivation der Lurker* wäre zwar interessant, jedoch schwer durchführbar.[32] Denn Webforen sind öffentlich zugänglich und eine Registrierung ist nicht zwingend erforderlich, um die Beiträge lesen zu können. Einige Webforen sind allerdings an eine Anmeldung gebunden, um überhaupt einen Zugang zu bekommen (vgl. etwa Fiedler & Neverla 2003: 560). Ein Nutzer ist dennoch frei in seiner Entscheidung, ob er sich aktiv an der Kommunikation beteiligen möchte oder passiv bleibt und die Beiträge liest (vgl. Kuhlen 1998: 35).

4.1 Einordnung schriftbasierter Webforen

Schriftbasierte Webforen haben sich seit der Etablierung des World Wide Web sehr verbreitet. Sie können separat mit eigener Webadresse[33] vorkommen oder Teil eines größeren Webangebotes[34] sein (Kuhlen & Odenthal 1998: 284). Sie sind gekenn-

[32] Vgl. hierzu etwa Beck (2006: 109) mit Bezug zu Burnett & Buerkle (2004), die sich auf *newsgroups* beziehen.

[33] Ein bekanntes Forum für Hörgeschädigte ist zum Beispiel *http://www.gl-cafe.de/*.

[34] Zum Beispiel *http://www.schwerhoerigenforum.de/viscacha/* oder *http://www.taubenschlag.de/*.

zeichnet durch Heterogenität im Aufbau und Zweck (vgl. Kuhlen 1998). Der Forenaufbau unterscheidet sich je nach angewendeter Forensoftware.
Kuhlen (1998) orientiert sich zunächst an der Etymologie des Wortes *Forum*, welches „allgemeine Orte des öffentlichen Erfahrungs- und Meinungsaustauschs, nicht zuletzt auch der vergnüglichen Unterhaltung [...] [waren]“ (Kuhlen 1998: 32f.). Während der Platz auf einem konventionellen, realen Forum begrenzt ist, können sich in einem Webforum beliebig viele Nutzer anmelden und miteinander in Kontakt treten (ebd.). Das übergeordnete Ziel von Webforen ist die Information bzw. der Informationsaustausch (vgl. Kuhlen 1998: 10). Diese Informationen werden über das Internet bzw. das WWW verteilt, daher spricht Kuhlen (1998) vom Forum als „Distributionsmedium“ (35).
Hinsichtlich des untergeordneten Zwecks für die Nutzer lassen sich schriftbasierte Webforen im Sinne Höflichs (2003: 80f.) als *Kontakt- und Diskussionsmedien* bezeichnen. Wobei auch hier eines der möglichen Motive des ‚In-Kontakt-Tretens' bereits vorweg genommen wird, nämlich die Möglichkeit zur Diskussion mit anderen Nutzern. Da nicht davon ausgegangen werden kann, dass jeder Nutzer aktiv diskutieren möchte, wird eine verkürzte Einordnung von schriftbasierten Webforen vorgeschlagen: Webforen als *öffentliches Kontaktmedium* (in Anlehnung an Höflich 2003). Die einzelnen Unterforen dienen nicht nur der Diskussion, sondern verfolgen diverse Zwecke, wie z.B. die Bekanntgabe von Terminen.[35]
Es gibt einige deutschsprachige, schriftbasierte Webforen mit der *Zielgruppe der Hörgeschädigten*, von denen die folgenden sieben (A bis G) regelmäßig genutzt werden (Tab. 1 auf der folgenden Seite). Erkennbar wird dies vor allem an der Anzahl der eingestellten Beiträge sowie an aktuellen Themen im Freizeitbereich, zu Politik, Gesundheit u.v.m.[36]

[35] Zum Beispiel im schriftbasierten Webforum *http://www.gl-cafe.de* /gibt es das Unterforum „Termine“ und „Info vom Team“ (Startseite).

[36] ebd.

Name des schriftbasierten Webforums	Mitglieder	Themen	Beiträge	Gründungsjahr
A *http://www.my-deaf.com/*	über 4000 (Sommer 2007; keine nähere Angabe möglich)	6.002	51.408	2006
B *http://www.schwerhoerigenforum.de/viscacha/*	3.773 (Stand: 02.02.12; Angabe des Administrators)	5.952	51.307	2002
C *http://www.gehoerlose.de/*	3.268	3.426	31.140	ca. 2002
D *http://www.gl-cafe.de/*	2.728	5.116	180.911	2002
E *http://www.dcig-forum.de/*	1013	1.255	24.251	2006
F *pinboard.schwerhoerigen-netz.eu/*	309	2.564	35.362	mind. 2005 (ältester Beitrag)
G *www.deaf-forum.info* (Österreich)	83	2.133	54.989	2003

Tab. 1: Häufig genutzte schriftbasierte Webforen für Hörgeschädigte (deutschsprachig); sortiert nach Anzahl der registrierten Mitglieder; Stand: 29.08.2012, 13Uhr

Es lässt sich vermuten, dass die Nutzer gleichzeitig in verschiedenen Foren angemeldet sind, um unterschiedliche Informationszugänge zu bekommen und verschiedenste Kontakte aufzubauen.[37] Diese These könnte mittels einer quantitativen Umfrage an alle Nutzer im Kontext ihrer Nutzungsmotive erörtert werden.

Es existiert m. E. nach keine quantitative Untersuchung zur Struktur von Webforen. Um jedoch den Aufbau beispielhaft beschreiben zu können, wird auf die in Tab. 1 (s.o.) aufgeführten schriftbasierten Webforen Bezug genommen. Die Startseite *(Homepage)* auf dem Computerbildschirm ist von links nach rechts ähnlich aufgebaut und tabellarisch erfasst:

Name des Unterforums ⇨ Anzahl der Themen im jeweiligen Unterforum ⇨ Anzahl der eingestellten Beiträge ⇨ Datum des letzten Beitrags.

[37] Diese Vermutung stammt aus eigenen Beobachtungen in Webforen, in denen z.T. dieselben Pseudonyme verwendet werden.

Die Kommunikation in schriftbasierten Webforen findet zeitversetzt – also *asynchron* – statt (Kuhlen & Odenthal 1998: 285). Es wird auch darauf verwiesen, dass ein Nutzer in einer „fast real-time Reaktion" (ebd.) unmittelbar auf einen anderen Nutzer reagieren kann, indem er einen Beitrag einstellt. Aber typisch für die Kommunikation in Webforen ist, dass mehrere Stunden oder Tage zwischen den einzelnen Beiträgen vergehen können (vgl. Storrer 2000: 18). Ein Vorteil dieser asynchronen Kommunikation ist, dass sich die Qualität der Beiträge erhöhen kann, wenn deren Inhalt auf fundierten und recherchierten Kenntnissen beruht (Kuhlen & Odenthal 1998: 285). Dies könnte Hörgeschädigte motivieren, aktiv an einem schriftbasierten Webforum teilzunehmen und Beiträge selbst zu schreiben. Es wäre von Interesse zu untersuchen, inwieweit schriftsprachliche Kenntnisse dadurch beeinflusst werden und ob zudem tatsächlich eine Wissenserweiterung stattfinden kann bzw. welche Webanwendungen hierfür optimal sind.

Da es m.E. keine statistischen gesicherten Angaben zu Anzahl und Arten von schriftbasierten Webforen gibt, soll an dieser Stellen ein Systematisierungsversuch von Kuhlen (1998: 37f.) angeführt werden. Er unterscheidet in vier Webforen-Typen:

1. Informationsforum: primäre Funktion ist die Information,
2. Kommunikationsforum: „symmetrische[r] Informationsaustausch" mit dem Ziel der aktiven Beteiligung durch Einstellen eigener Beiträge,
3. Fun-Foren: als Begriffsversuch für Implizieren des Unterhaltungswertes eines Forums,
4. Transaktionsforen: im Sinne eines „elektronische[n] Marktplatzes".

Der Versuch Kuhlens (1998) einer Einteilung dient zur Veranschaulichung der charakteristischen Ausprägungen von schriftbasierten Webforen, allerdings merkt er richtig an, dass die vier Ausprägungen „eher Funktionen von Foren als sich ausschließende Etiketten von realen Websites [sind]" (136). Er bildet demnach folgende Definition heraus:

> Sehen wir die vier wesentlichen Funktionen zusammen, ergänzt um den Interaktions- und [den] Öffentlichkeitsaspekt, so bieten wir die folgende Definition […]: Foren sind interaktive, Information präsentierende, Kommunikation und Transaktion ermöglichende, unterhaltende und auf eine unbestimmt ‚offene Öffentlichkeit' oder auf speziell definierte Zielgruppen ausgerichtete Software-Systeme auf elektronischen Märkten jeder Ausprägung. (38f.)

In Anlehnung an Höflich (2003) kann auch von *hybriden Funktionen in schriftbasierten Webforen* gesprochen werden, da die Hauptausprägungen (Information, Kommunikation, Unterhaltung, Transaktion) quasi überall in den Webforen und deren Unterforen zu finden sind.
Jene *hybriden Funktionen* ergeben sich aus der Zuordnung des schriftbasierten Webforums zur Kategorie des *Diskurses*: die einzelnen Beiträge sind textuelle Einheiten und ergeben im Verlauf der Äußerungen in einem Gesamtzusammenhang einen Gesamtdiskurs (vgl. Kuhlen 1998: 67). Auch für eine ähnliche webbasierte Kommunikationsform, die *Chat*-Kommunikation, ist nach Beißwenger (2007) der Diskurscharakter nachgewiesen. Zwar wird die Zeitdimension als *nahezu synchron (zeitgleich)*[38] eingestuft (Kuhlen 1998: 52), doch für die funktionale Ebene belegt Beißwenger (2007), dass die *Chat*-Kommunikation den „Diskursformen zugerechnet werden [kann]“ (470). Die mediale Schriftlichkeit ist nach Beißwenger (2007: 468) „kein Ausschlusskriterium, um einer Form den Status der Diskurshaftigkeit zu verweigern“, weil die mediale Realisierung für die Kategorie *Diskurs* nicht festgelegt ist (ebd.).

4.2 Konventionen schriftbasierter Webforen

Unter Konventionen werden in der vorliegenden Studie die sprachlichen Besonderheiten und Vereinbarungen innerhalb der Forengemeinschaft zusammengefasst, welche die Bedingungen für die Herausbildung eines Diskurses sind. Die Nutzer verstehen sich als „virtuelle Gemeinschaft [...] mit einer gemeinsamen Kommunikationsgeschichte“ (Storrer 2000: 18). Sie können ungezwungen und unabhängig von sozialem und beruflichem Status miteinander in Kontakt treten und persönliche Beziehungen zueinander aufbauen (vgl. Döring 2000: 7; Höflich & Gebhardt 2001). Die Autoren sprechen daher auch vom Computer als „egalisierendes Medium“ innerhalb computervermittelter Kommunikation (Höflich & Gebhardt 2001: 25; vgl. auch Stegbauer 2001: 18f.). Übertragen auf die eingangs beschriebene Situation von Hörgeschädigten bedeutet dies, dass eine Kommunikation in schriftbasierten Webforen eine Kommunikation unabhängig von Hörstatus und Bildungsgrad bzw. Wissensstand ist (vgl. Krammer 2001; Berger et al. 2010).

[38] Zur kritischen Betrachtung des Begriffs der *Synchronizität* siehe auch Beißwenger (2007: 35-37).

Ein nächster, wesentlicher Vorteil der schriftbasierten Kommunikation in Webforen ist das „Handlungsprinzip der Unverbindlichkeit“, welches Höflich & Gebhardt (2001: 35) für die Chat-Kommunikation benennen und auch auf Webforen übertragbar ist.[39] Jeder Nutzer kann sich zu jeder Zeit an einem Gespräch im Webforum beteiligen und gleichfalls sich von einem solchen zurückziehen, ohne Rechenschaft ablegen zu müssen (Storrer 2000: 9; Höflich & Gebhardt 2001: 35; Fiedler & Neverla 2003: 565; Höflich 2003: 52). Der Nutzer hat „die maximale Kontrolle darüber, ob und welche Informationen [er] über sich preisgeben möchte und vor allem darüber, inwieweit [er] aus seiner Anonymität heraustritt oder in ihr verweilt“ (Höflich & Gebhardt 2001: 35).

An dieser Stelle wird ein weiteres Merkmal der Kommunikation in schriftbasierten Webforen deutlich: *Pseudonymität/Anonymität* (Fiedler & Neverla 2003: 566). Die Verwendung eines Pseudonyms ist keine Pflicht, wird jedoch häufig genutzt[40], denn es „erleichter[t] die Kontaktaufnahme zu Fremden, erlaub[t] ein Spiel mit der eigenen Identität, aber auch die Täuschung der Kommunikationspartner“ (Beck 2006: 27; siehe hierzu auch Döring 2000: 9). Döring (2000) untersucht virtuelle Identitäten und konstatiert:

> Neben einer Idealisierung der eigenen körperbezogenen oder beruflichen Identität ist auch ein radikaler Rollenwechsel im Netz verbreitet. [...] Die meistdiskutierte Form des Rollenwechsels im Netz ist der Geschlechteraustausch [= „Genderswitching“]. (2)

Beispielsweise kann sich ein hörgeschädigter registrierter Nutzer eines schriftbasierten Webforums als Hörender ausgeben oder eine arbeitslose Frau täuscht die Identität eines fiktiven Mannes in hoher beruflicher Position vor.

Die Pseudonymität/Anonymität in der CvK im Allgemeinen erlaubt jedoch keine Konversation ohne Gesprächsregeln. Jene werden als *Netiquette* (Zusammenziehung aus Network Etiquette) bezeichnet (Hambridge 1995: 1; Storrer & Waldenberger 1998: 63; Beck 2006: 149ff.)[41] und finden auch in schriftbasierten Webforen Anwendung. Die *Netiquette* ist i.d.R. aus den Informationen über das Forum und dessen

39 Siehe auch Storrer (2000: 8f.) zur Unverbindlichkeit in *newsgroups*.

40 Zum Beispiel „deafcarnival“, „GruenerKobold“ oder „Biene15091986“ (*http://www.deaf-forum.info*).

41 Storrer & Waldenberger (1998: 63) sprechen von einer Zusammenziehung aus *net* und *etiquette*. Sie verweisen auf den Ursprung der Netiquette in 1992.

Anwendungen oder aus den *Frequently Asked Questions (FAQ)* zu entnehmen. Häufig wird auch auf der Metaebene miteinander kommuniziert (Storrer 2000: 8), Streitigkeiten werden als *Flaming*[42] bezeichnet, die sich zu sog. *Flame wars* ausweiten können, in denen sich die Nutzer persönlich angreifen (vgl. Storrer & Waldenberger 1998: 74f.; Storrer 2000; Beck 2006); letzteres ist jedoch nicht erwünscht (ebd.).

Die *Netiquette* entspricht dem Medienrahmen im Sinne Höflichs (2003) und gibt die Kommunikationsgrenzen vor, wodurch die Nutzer „nicht in jeder Situation von neuem beginnen, die Verhältnisse zu definieren, sondern [...] auf organisierte Erfahrungen ihres bisherigen Handelns zurückgreifen [können]“ (Beck 2006: 27). Im Rahmen dieser Gesprächsregeln entsteht eine virtuelle Nähe: eine „soziale Nähe, die dem Selbstverständnis vieler Forenteilnehmer entspringt [...]“ (Storrer 2000: 18; vgl. auch Koch/Oesterreicher 1994: 588). Deutlich wird das an der informellen Anrede der Nutzer mit *du* sowie eher umgangssprachlichen Grußformeln wie *hi*, *moin* oder *ciao* (Storrer 2000: 10).

Die Sprache der Nähe orientiert sich am Konzept der Mündlichkeit nach Koch/Oesterreicher (1994). Die Charakteristika sollen versuchsartig auf schriftbasierte Webforen übertragen werden (ein empirischer Nachweis bleibt offen):

- *raum-zeitliche Nähe/Distanz der Kommunikationspartner*

  → die Nutzer der Webforen sind räumlich-physisch voneinander getrennt, zeitlich durch die asynchrone Kommunikation (es sei denn, Nutzer reagieren nahezu zeitgleich auf einen Beitrag)
- *Emotionalität*

  → die soziale Nähe der Forengemeinschaft bietet die Möglichkeit eines intensiven, privaten Austauschs mit emotionaler Nähe[43] (vgl. Höflich & Gebhardt 2001)
- *Situations- und Handlungseinbindung*

  → entsteht durch die Zitatfunktion und Herausbildung der *threads*, jeder Nutzer kann sich jedoch der Gesprächshandlung ohne weiteres entziehen (Merkmal der Unverbindlichkeit)
- *Verhältnis des Referenzbezugs zur Sprecher-origo*[44]

[42] Für weitere Informationen siehe auch Höflich (2003: 52f.).

[43] Dies geschieht zum Beispiel in sog. *Suizidforen* im Web (vgl. Fiedler & Neverla 2003).

→ der erste eingestellte Beitrag zu einem Thema könnte als Herkunftsbeitrag bezeichnet werden, worauf die Konversation aufbaut – sie kann sich allerdings thematisch frei entwickeln und muss nichts mehr mit dem Eingangsthema zu tun haben

- *kommunikative Kooperation der Rezipienten*
  → sie ist hoch, denn ein Webforum ist für den kommunikativen Austausch bestimmt

- *Dialog/Monolog*
  → dialogisch, aber eher auf die Kommunikation zwischen mehr als zwei Nutzern ausgerichtet: polylogisch
- *Spontaneität/Reflektiertheit-Geplantheit*
  → Äußerungen sind aufgrund der zeitversetzten Kommunikation tendenziell geplant und überlegt, weniger spontan
- *Themenfixierung*
  → freie Themenentwicklung möglich

Demnach lassen sich schriftbasierte Webforen auf dem Kontinuum zwischen Nähe und Distanz (Koch/Oesterreicher 1994) einordnen – medial graphisch, konzeptionell mündlich (Abb. 5).[45]

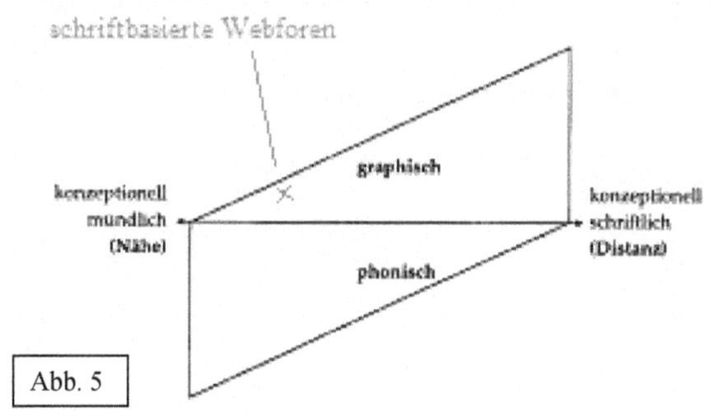

Abb. 5

Die Verortung ist nicht starr, da sich die Äußerungen auf dem ganzen Kontinuum zwischen Nähe und Distanz bewegen können.[46] Das heißt bspw., dass Äußerungen in schriftbasierten Webforen sowohl konzeptionell eher

[44] Koch/Oesterreicher (1994: 588) verwenden diesen Begriff in Anlehnung an Bühler (1965: 102ff.).

[45] Aus Gründen besserer Veranschaulichung wurden die Beispiele von Koch/Oesterreicher (1994: 588) entfernt, ursprüngliche Abbildung siehe auch 2.3 der vorliegenden Studie.

[46] Auch hier könnten weiterführende Forschungen anknüpfen.

mündlich als auch konzeptionell eher schriftlich sein können. Auf formalsprachlicher Ebene wird die Groß- und Kleinschreibung – eines der wesentlichen Kennzeichen der deutschen Schriftsprache (Eisenberg 1996: 1451) – eher vernachlässigt.[47] In Anlehnung an die sprachlichen Merkmale der *newsgroups*, die sich ebenfalls am konzeptionell Mündlichen orientieren (Storrer 2000: 3), wurden folgende Merkmale erfasst[48], die sich zwar zum Teil in den aufgelisteten Webforen wieder finden, jedoch für Webforen nach Kenntnisstand der Autorin empirisch nicht belegt sind:

1. Verwendung umgangssprachlicher und dialektaler Ausdrücke
2. Häufige Verwendung von „Modal- und Abtönungspartikeln" *(schon, mal, also, irgendwie)*
3. Kontraktionen *(haste, kannste etc.)* und Verkürzungen *(‚hab'' anstelle von ‚habe')*

Inwieweit sich die genannten Merkmale nach Koch/Oesterreicher (1994) in schriftbasierten Webforen auf die Gruppe der hörgeschädigten Nutzer mit ihrer spezifischen Sprachsituation übertragen lassen, ist m. E. nach bislang empirisch nicht belegt. Eine Überlegung begründet sich darin, inwieweit Hörgeschädigte mit verringerter Schriftsprachkompetenz zwischen konzeptionell mündlich und konzeptionell schriftlich unterscheiden können und dies entsprechend schriftsprachlich umsetzen können.
Um die genannten Konventionen dennoch zusammenfassend zu veranschaulichen und zu ergänzen, sei an dieser Stelle ein *Screenshot* aus einem der in Tab. 1 gelisteten Webforen beispielhaft dargestellt (Abb. 6 auf der folgenden Seite).

[47] Die Kleinschreibung wird auch als typisches Beispiel für die E-Mail-Kommunikation benannt (Beck 2006: 90f.).

[48] Storrer (2000) bezieht sich auf eine quantitative Erfassung der Merkmale des konzeptionell Mündlichen für *newsgroups* (Feldweg et al. 1995).

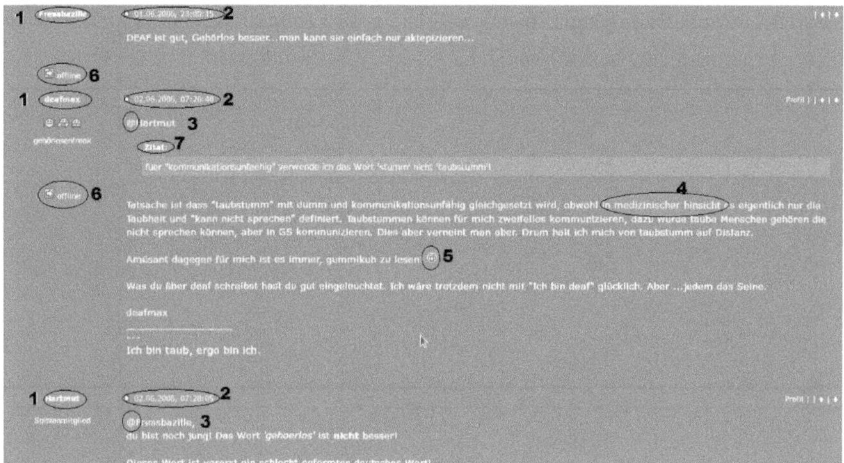

Abb. 6: Screenshot von *http://www.gl-cafe.de/*

Die Beiträge werden mit Nutzernamen (1) und Beitragskopf (2) dargestellt (dies wird durch die Software automatisch generiert). Eine wichtige Konvention der Forengemeinschaft ist der rege Gebrauch der *Zitierfunktion* (7), welche aus den Konventionen der *newsgroups* stammt (vgl. Storrer 2000: 8; Beck 2006) oder auch das direkte Ansprechen eines Nutzers mit „@ Nutzername" (3). Die Nutzer beziehen sich auf diese Weise direkt und gezielt auf einen anderen Nutzer, sodass Missverständnissen vorgebeugt werden kann und eine diskursive Kohärenz entsteht. Die Nutzer kommentieren das Zitierte, stellen Fragen zum Inhalt, weisen auf etwas hin u.v.m. Üblicherweise entstehen mehrere Diskussionsstränge – *threads* – parallel zwischen verschiedenen Nutzern (ebd.). Emotionen werden häufig mittels sog. *Emoticons* und *Interjektionen* ausgedrückt (5). In (4) zeigt sich die Vernachlässigung der Großschreibung: „[...] in medizinischer hinsicht [...]". In diesem Webforum wird zusätzlich der aktuelle online/offline-Status angegeben (6), wodurch andere Nutzer sehen, wer zum selben Zeitpunkt eingeloggt ist.

Die fehlerhafte Verwendung der Schriftsprache unter Hörgeschädigten zeigt sich im Beispiel aus Abb. 6: „Drum halt ich mich von taubstumm auf Distanz" oder „Was du über deaf schreibst hast du gut eingeleuchtet" (geschrieben von *deafmax*). Es kann vermutet werden, dass der Nutzer selbst hörgeschädigt bzw. gehörlos *(deaf)* ist und seine Schriftsprachkompetenz nicht vollständig ausgebildet ist, allerdings lässt sich diese Annahme nicht nachweisen (siehe Anonymität/Pseudonymität in der CvK).

5. Emotionsdarstellung in schriftbasierten Webforen

Die soziale und emotionale Nähe der Gesprächspartner, der Nutzer der Webforen, drückt sich nicht nur auf lexikalischer Ebene aus, indem der Nutzer Gefühle offen beschreibt, sondern besonders auch auf graphischer Ebene durch die Verwendung von *Emoticons* („Smileys"), *Interjektionen* (Empfindungs-/Ausdruckswörter) und *Akronymen* (Kurzwörter). Eine Untersuchung der graphischen Darstellung von Emotionen in schriftbasierten Webforen bildet den Kern dieser Studie. Doch bevor die einzelnen graphischen Elemente erläutert werden, muss das Konzept der Emotion erklärt werden.

5.1 Emotionen

„Emotionen sind für das menschliche Leben und Erleben konstitutive Phänomene" (Schwarz-Friesel 2007: 1). Schwarz-Friesel (2007) konstatiert, dass es bislang keine fundierte und ganzheitliche Definition von *Emotionen* gibt und verweist auf das inhärente Merkmal von Emotionen: die „interne und damit absolut subjektive Eigenschaft[...] des Menschen [...]" (44), die „nur über ihre Ausdrucksmanifestationen beobachtbar [ist]" (ebd.). Die aufgezählten drei Ausdrucksmanifestationen realisieren sich wie folgt (Schwarz-Friesel 2007):

- den nonverbalen Ausdruck von Emotionen als Mimik und Gestik (Lachen, Weinen, Stirnrunzeln, Kopf hängen lassen etc.),
- körperliche Zustände, die als Emotionen begleitende oder als reaktive Phänomene auftauchen können (Herzfrequenz, Blutdruck, Schwitzen [...]),
- verbale Repräsentationsformen (auf der Wort-, Satz- und Textebene mittels Interjektionen, Gefühlswörter [...])." (57)

Die Autorin arbeitet heraus, dass das Entstehen von Emotionen untrennbar mit dem menschlichen Organismus verbunden ist sowie Emotionen nicht willentlich gesteuert und kontrolliert werden können (Schwarz-Friesel 2007: 60f.). Sie sind nicht nur nonverbal und vegetativ beobachtbar, sondern äußern sich auch in der verbalen Repräsentation auf der Textebene (vgl. Schwarz-Friesel 2007). Folglich ist anzunehmen, dass sich Emotionsausdrücke auch in schriftbasierten Webforen beobachten lassen. Zudem unterliegen die Ausdrucksmanifestationen von Emotionen verschiedener „Intensitätsgrade [...] [, die sich] sprachlich auf unterschiedliche Wiese kodieren [lassen]“ (Schwarz-Friesel 2007: 187). Die Autorin verweist außerdem darauf, dass Emotionen „direkt das Thema der Äußerung darstellen und deskriptiv benannt werden [...] [oder] als Inhalte einer bewertenden Stellungnahme oder einer Situationsbeschreibung kommuniziert werden“ (ebd.: 178).[49]

5.2 Restriktionen des emotionalen Ausdrucks innerhalb interpersonaler Kommunikation in schriftbasierten Webforen

Schriftbasierte Webforen sind Teil computervermittelter Kommunikation und somit eine durch Technik vermittelte Möglichkeit zur Konversation mit anderen Menschen. Die Bedienung des Computers sowie der Zugang zum WWW (als meistgenutzten Internetdienst) muss heutzutage nicht mehr zwingend innerhalb eines Raumes stattfinden – möglich wird dies via Laptop oder mittels moderner Mobilfunksysteme (vgl. Höflich 2003), wie zum Beispiel dem Smartphone. Dennoch ist der Gesprächsrahmen begrenzter als in der Face-to-Face-Kommunikation (Höflich 2003):

> [d]as zeigt sich allein schon darin, dass mit jeder Verwendung eines technischen Artefakts technikspezifische Handhabungserfordernisse verbunden sind: Bevor man mit anderen in Kontakt treten kann, hat man es mit einem technischen Apparat zu tun. [...] Beim Computer sitzt man vor einem Bildschirm und einer Tastatur [...]. (37)

Der Gesprächsrahmen ist auch deshalb eingeschränkter, weil der Ausdruck von Emotionen über die nonverbale Ebene sowie über beobachtbare physische Begleiterscheinungen (z.B. Erröten, Schwitzen; vgl. Schwarz-Friesel 2007) in schriftbasierter CvK entfällt (Höflich 2003: 38). Das bedeutet, dass die *Wahrnehmung der gesamten Kommunikationssituation* einer interpersonalen Face-to-Face-Kommunikation *eingeschränkt* ist, denn mimische, gestische und prosodische Elemente sowie Körperhaltung und ~sprache etc. können nicht ausschließlich über die Schrift mittels ausdrucksstarker Lexeme übertragen werden (Höflich 2003: 38, 44f.).

[49] Zum Beispiel: „Ich hoffe, ich kann bald nach Hause gehen“.

Bezugnehmend zur Deutsche Gebärdensprache sei an dieser Stelle angemerkt, dass nonverbale Elemente wie Mimik und Körperhaltung einen Teil der grammatischen Struktur darstellen und bewusster eingesetzt werden als in der deutschen Lautsprache (vgl. Boyes Braem 1992).[50] Somit haben nonverbale Elemente in der DGS eine große kommunikative Bedeutung. Die verbalen Elemente bestehen aus den manuellen Komponenten der Gebärdenzeichen. Die prosodische Markierung, die stimmungsanzeigend sein kann, erfolgt u.a. über die Größe der Gebärdenausführung im sog. Gebärdenraum und über das Gebärdentempo (vgl. Boyes Braem 1992).[51]

Wie bereits festgestellt wurde, sind Emotionen unwillkürliche Ausdrucksformen der medial mündlichen Kommunikation. Interjektionen *(iieh, oh, ach* etc.*)* gelten beispielsweise als „Affektlaute und spontane Reaktionen" (Schwarz-Friesel 2007: 145) der medial mündlichen Kommunikation. Der Ausdruck von Emotionen über die mediale Schriftlichkeit erfolgt anders: gezielter und bewusster. Insbesondere für schriftbasierte Webforen könnte anzunehmen sein, dass sich der Schreibende u.U. überlegter und reflektierter als in der Face-to-Face-Kommunikation äußert, was sich auch in seiner Wortwahl widerspiegeln könnte. Somit ist auch ein bewusster und gezielter Ausdruck von Emotionen auf der schriftlichen Ebene denkbar.[52]

Aufgrund des eingeschränkten Kommunikationsrahmens (in Anlehnung an Höflich 2003) hat die Forengemeinschaft daher einen eigenen Ausgleich geschaffen, um Emotionen und Gefühlszustände zumindest teilweise auszudrücken (Höflich & Gebhardt 2001: 31). Diese Art der „Netzsprache" hat seinen Ursprung in der Gruppensprache der *Hacker*.[53]

---

[50] Ein Beispiel hierfür ist die Mimik und Körperhaltung zur grammatischen Markierung von Fragesätzen: Augenbrauen hochgezogen, Oberkörper und Kopf sind leicht nach vorn geneigt (vgl. Boyes Braem 1992).

[51] Eine große Gebärdenausführung in kurzer Distanz zum Gesprächspartner ist vergleichbar mit erhöhter Lautstärke beim Schreien in der Lautsprache.

[52] Auf die Art der Vorbereitung des Nutzers auf einen Beitrag kann im Rahmen der vorliegenden Studie nicht eingegangen werden. Die Hypothese des gezielten emotiven Ausdrucks in der schriftlichen Kommunikation kann für weitere Forschungen interessant sein.

[53] Vgl. hierzu *New Hackers Dictionary* unter *http://www.eps.mcgill.ca/jargon/jargon.html.*

5.3 Arten der Emotionsdarstellung

Es gibt verschiedene Möglichkeiten, Emotionen und Gefühlsregungen in schriftbasierten Webforen auszudrücken. Neben der lexikalischen Komponente kann der Nutzer seine Gefühle und Emotionen[54] zusätzlich ausführlich beschreiben (vgl. hierzu Schwarz-Friesel 2007: Kap. 5.1). Es bleibt offen, inwieweit hörgeschädigte Foren-Nutzer aufgrund eingeschränkter Schriftsprachkompetenz innerhalb des Mediums Webforum ihre Emotionen ausreichend zum Ausdruck bringen können und daher womöglich die graphische Darstellung, z.B. durch Smileys, anders nutzen als hörende Foren-Nutzer. Denn Nutzer der Deutschen Gebärdensprache setzen die Mimik gezielter ein, nicht nur aufgrund des grammatischen Charakters, sondern auch, um Emotionen auszudrücken (wenngleich nicht alle mimischen Bewegungen eine grammatische Funktion haben können, sondern auch unbewusst entstehen – vgl. Krohn 2004: 321ff.).

Auf graphischer Ebene werden die verfügbaren Ressourcen ausgenutzt, das heißt, mit Hilfe der Zeichen des *erweiterten ASCII*[55] der Computertastatur können Emotionen teilweise verdeutlicht oder dargestellt werden: *Emoticons* (Antonijevic 2005: 17; Derks et al. 2008). Es werden auch die für die (deutsche) Lautsprache typischen *Interjektionen* in schriftbasierten Webforen genutzt.

5.3.1 Emoticons

Eine bekannte und typische graphische Erscheinung in asynchroner und nahezu synchroner CvK sind *Emotional Icons – Emoticons (ugs.: Smileys)* (Dresner & Herring 2010; McDougald et al. 2011: 1948). Es sind ikonische Zeichen, die entweder mithilfe der Tastatur (ASCII-Zeichen) dargestellt werden und seitwärts gelesen werden oder als animierte Smileys in den Forenbeitrag eingefügt werden können (ebd.; vgl. bspw. auch Höflich 1996: 90f.; Storrer 2000; Dindia & Huber 2009). Emoticons stellen abstrahierte Zeichen für menschliche Gesichtsausdrücke dar, die durch die Mimik entstehen (vgl. Antonijevic 2005). Emotional Icons treten innerhalb der schriftbasierten computervermittelten Kommunikation laut Storrer (2000) in konzeptionell münd-

---

[54] Zur Semantik von Gefühl und Emotion siehe Schwarz-Friesel (2007).

[55] Der *erweiterte ASCII* besteht aus 256 einzelnen Zeichen, der *ältere ASCII* aus 128 Einzelzeichen (vgl. Ulrich 2002: 36). *ASCII* ist das Akronym aus ***A****merican* ***S****tandard* ***C****ode of* ***I****nformation* ***I****nterchange* (ebd.).

lichen Gesprächen auf[56] – sie werden demnach auch in schriftbasierten Webforen verwendet. Der Begriff *Emoticon* hat sich in der Literatur durchgesetzt (Sixl-Daniell & Williams 2005: 2), es finden sich aber ebenfalls Bezeichnungen wie *relational icons* oder *pictographs* (Walther & D'Addario 2001: 325; Sixl-Daniell & Williams 2005: 2).

Es existiert mittlerweile eine Vielzahl von Emoticons, die sich aus den bekannten textuellen Smileys wie :-) ;-) :-(:-/ :-D entwickelten.[57] In Anlehnung an Dindia & Huber (2009: 2) werden in der vorliegenden Studie Emoticons nach ihrer Erscheinungsform wie folgt unterteilt (Abb. 7):

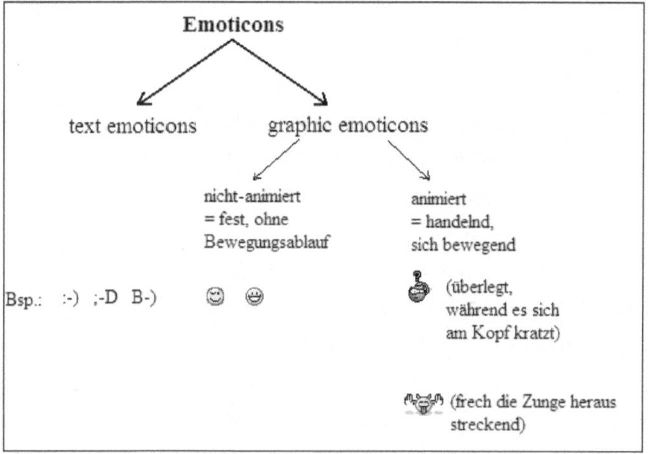

Abb. 7: Einteilung von Emoticons [in Anlehnung an Dindia & Huber 2009]

Graphic emoticons gibt es in verschiedenen Farben (gelb, blau, rot, grün etc.), vorzugsweise und in Anlehnung an ihre ursprüngliche Farbe werden häufig gelbe Emoticons in Webforen angeboten. Sie können einzeln wie in Abb. 7 auftreten oder werden mehrmals hintereinander verwendet = gedoppelt (z.B. fünfmal ein lachendes Emoti-

[56] Storrer (2000: 16) bezieht sich hierbei auf Lenke/Schmitz (1995) und Haase et al. (1997).

[57] *Text emoticons* siehe z. B. unter *http://www.usenet-abc.de/Content/Emotionen#a1*. Heutzutage generiert der Computer oft automatisch aus :-) ein waagerechtes ☺.

con). Die bekannten *text emoticons* gehen vermutlich auf Scott E. Fahlman im Jahre 1982 zurück, als er einen E-Mail-Text damit ergänzte.[58]

Emoticons sind bewusst gesetzte Zeichen (Storrer 2001: 7; Derks et al. 2008: 380; Dresner & Herring 2010: 261) und haben der Wortbedeutung nach eine emotive Funktion. Ihre emotive Bedeutung ist nur teilweise konventionalisiert und ist im Kontext zu interpretieren (vgl. Dresner & Herring 2010: 260ff.). Beispielsweise kann das ASCII-Emoticon :-/ je nach Gemütslage des Verfassers als zweifelnd, nicht mögend, skeptisch oder unentschlossen verwendet werden (vgl. hierzu Dresner & Herring 2010: 249; McDougald et al. 2011). Die Interpretation von Emoticons obliegt zudem auch der Sprachkompetenz und Erfahrung des Rezipienten (vgl. Dindia & Huber 2009: 27). Stegbauer (2000) erkennt die Emoticons zwar als „Ersatz für wahrnehmbaren Gefühlsausdruck […] [an], die Ausdrucksmöglichkeiten bleiben aber dennoch beschränkt" (25; vgl. auch Derks et al. 2007: 847). Höflich (1996: 90) verweist außerdem darauf, dass die Bedeutung der Emoticons „gruppen- bzw. netzspezifisch variiert" (vgl. auch Dresner & Herring 2010: 249).[59] Für die Gruppe der Hörgeschädigten bzw. Gebärdensprachnutzer gibt es bspw. *gebärdende Emoticons*[60], wie zum Beispiel das *sich bedankende Emoticon* (die Gebärde wird auf Kinnhöhe ausgeführt, hier sogar als weibliche Form dargestellt).

In einem aktuellen Artikel von Dresner & Herring (2010) wird betont, dass Emoticons nicht nur eine emotive Funktion, sondern auch eine illokutive Funktion (kommunikativen Zweck erfüllen) aufweisen können (vgl. hierzu ebd.).[61] Deshalb wird in der vorliegenden Studie auf eine Einteilung nach typischen Bedeutungsformen von Emoticons verzichtet – wie etwa *fröhlich :-), traurig :-(oder ironisch ;-)* – die Interpretation der Zeichen ist personenabhängig und weist nicht immer nur eine rein emotive Funktion auf (ebd.: 256ff.; McDougald et al. 2011). Mit Verweis auf Wolf (2000) konstatieren Dresner & Herring (2010), dass es zu den weiteren Funktionen von Emoticons keine konkreten Forschungsergebnisse gibt:

---

[58] Siehe hierzu ein Statement von Fahlman (o.J.) zum Ursprung des „Smileys": *http://www.cs.cmu.edu/~sef/sefSmiley.htm.*

[59] Japanische *text emoticons* werden mit anderen Zeichen und in Blickrichtung dargestellt: ^_^ (Dresner & Herring 2010: 249f.).

[60] Siehe hierzu *http://www.gl-cafe.de/.*

[61] Bereits Beck (2006: 90) vermutet eine metakommunikative Funktion von Emoticons.

> Emoticons, then, seem to express not only emotions but also other things as well. Are these attitudes? Intentions? Previous research on emoticons does not offer an answer to this question. (252)

5.3.2 Interjektionen

Interjektionen dienen dem unmittelbaren und spontanen Ausdruck von Emotionen und Empfindungen infolge eines (non)verbalen Ereignisses (vgl. Homberger 2000: 232; Ulrich 2002: 130f; Schwarz-Friesel 2007: 154ff.). Interjektionen sind nicht flektierbar und haben keine referentielle Bedeutung (Verweis auf etwas) (vgl. ebd.). Schwarz-Friesel (2007) verweist darauf, dass der emotionale Ausdruck mittels Interjektionen durch Mimik, Gestik und Prosodie in der mündlichen Kommunikation verstärkt wird (155, 157) und stellt für die schriftliche internetbasierte Kommunikation demzufolge fest, „dass die bildhaften Emoticons mittlerweile häufig anstelle von (oder in Kombination mit) Interjektionen benutzt werden“ (161).[62] Bezogen auf schriftbasierte Webforen bedeutet dies, dass der Nutzer die Möglichkeit hat, einen Teil der nonverbalen Elemente der mündlichen Kommunikation mit Hilfe von Emoticons und Interjektionen darzustellen.

Interjektionen stellen eine heterogene Gruppe von Wörtern dar und werden von Hentschel/Weydt (2003: 329ff.) „nach morphologischen, syntaktischen und semantischen Eigenschaften in vier große Gruppen: in Vollinterjektionen, Onomatopoetika, adverbiale und Lexeminterjektionen“ klassifiziert (s. Abb. 8 auf der folgenden Seite). Hentschel/Weydt (2003: 329f.) unterteilen die **Vollinterjektionen** wiederum in *emotive Interjektionen* (Gefühlsausdruck: *iieh, aua* u.v.m.), in *phatische Interjektionen* (Kontaktaufbau zwischen Produzent und Rezipient einer Äußerungseinheit, dient auch zur Erhaltung des Kontaktes: *hallo, hm* u.v.m.)[63] und in *konative Interjektionen* (Aufforderung des Produzenten an den Rezipienten: *pst!, pfui!* u.v.m.).

[62] Schwarz-Friesel (2007) kommt sogar zu folgender Vermutung: „Sind die Emoticons mittlerweile die ‚Interjektionen des Internets'?“ (161).

[63] Hentschel/Weydt (2003: 330) verweisen zu *phatisch* auf Malinowski (1923).

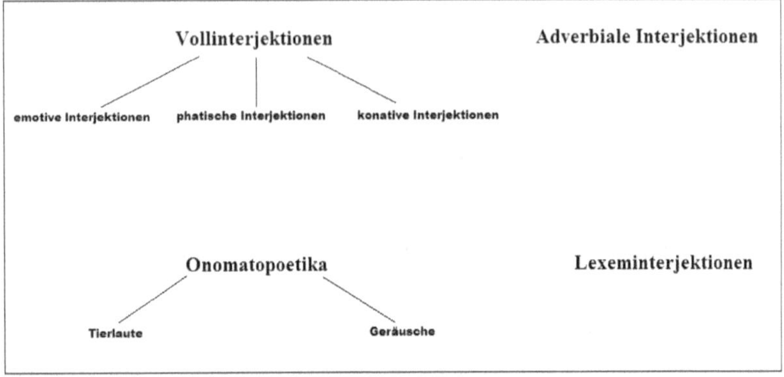

Abb. 8: Überblick zur Einteilung der Interjektionen [nach Hentschel/Weydt 2003: 329ff.][64]

Die **onomatopoetischen Interjektionen** werden in Tierlaute wie *miau, wauwau* und in Geräusche unterschieden, wie z.B. *ticktack, platsch* (ebd.).[65] Hiervon schwer abgrenzbar sind laut den Autoren die **adverbialen Interjektionen** (2003: 331), die oftmals ihren Ursprung in den Onomatopoetika haben, sich allerdings „im Hinblick auf die Satzstellung wie Adverbien verhalten (z.B. *Peng hatte er einen Schuss abgegeben.).* Mit Verweis auf die Jugendsprache sowie auf die internetbasierte Kommunikation werden **Lexeminterjektionen** (auch: Inflektive) als typisch benannt (ebd.). Beispiele wie *grins, ächz* usw. sind verkürzte Verben, die „eindeutig eine lexikalische Bedeutung aufweisen“ (Hentschel/Weydt 2003: 331). Diese Interjektionsform ist in der CvK, besonders im *Chat* und in *Webforen,* besonders beliebt (vgl. Storrer 2001). Innerhalb dieser Kommunikationsumgebungen werden sie oft in Kombination mit *Asterisken* gesetzt: *staun*, *empörtsei* o.ä. (ebd.).[66] Wie in einigen Beispielen be-

[64] Die Autoren verweisen auf ein früheres Werk (1995) zur Einteilung der Interjektionen.

[65] In Höflich (1996: 91) werden onomatopoetische Interjektionen in Bezug auf Asteroff (1987) als vokale Segregate bezeichnet.

[66] In der verwendeten Literatur gibt es für Lexeminterjektionen verschiedene Bezeichnungen: Storrer (2001: 8) bezeichnet diese Form als „parasprachliche Kommentierung“ in Anlehnung an „comicsprachliche Wortbildungsmuster“. Höflich & Gebhardt (2001: 30) sprechen von „körpersprachlichen Handlungen als kurze Stichwörter zwischen zwei Asterisken […]“. Höflich (2003: 63) verwendet „Sound- oder Lautwörter (Onomatopöien)“, Beck (2006: 92) schreibt von „Sound- und Aktionswörtern“.

reits sichtbar wurde, treten Interjektionen oftmals als Reduplikationen *(wauwau)* oder in Kombination miteinander auf *(Ach pfui!)* (vgl. Schwarz-Friesel 2007: 158f.). Interjektionen stehen meist außerhalb eines Satzes oder einer Äußerung *(Au, das tut weh!)*, können jedoch auch parenthetisch (eingeschoben) verwendet werden (Ulrich 2002: 130f.). Interjektionen sind in ihrer Bedeutung zwar teilweise konventionalisiert (vgl. Ulrich 2002: 131; Schwarz-Friesel 2007: 156f.), können jedoch je nach Situation und Verständnis des Rezipienten unterschiedlich interpretiert werden. Schwarz-Friesel (2007) betont deshalb, dass die Interpretation und Funktion von Interjektionen „absolut kontextbedingt [ist], da ihr semantisches Potenzial sehr groß ist" (157). Dies begründet auch das Vorgehen in der vorliegenden Studie, nämlich die Interjektionen (sowie auch Emoticons) im Kontext der jeweiligen schriftbasierten Äußerungen qualitativ zu analysieren, anstelle einer rein quantitativen Erhebung.

5.3.3 Emotive Akronyme

Zusätzlich als typisch für computervermittelte Kommunikation gilt die Verwendung von *Akronymen* (vgl. Storrer 2000). Diese Kurzwörter werden „aus den Anfangsbuchstaben eines zusammengesetzten Wortes oder mehrerer Wörter gebildet" (Ulrich 2002), z.B. *IMO (in my opinion)*.[67] Auch Akronyme haben ihren Ursprung in der Sprache der *Hacker* (vgl. 5.2). Da die Emotionsdarstellung auch anhand von Akronymen untersucht wird, soll der Begriff der *emotiven*[68] *Akronyme* geprägt werden. Er impliziert die Funktion der Akronyme, Gefühle auf schriftsprachlicher Ebene auszudrücken – bspw. *LOL (laughing out loud)* oder *ROTFL (rolling on the floor laughing)*.

[67] Eine Liste von Akronymen in der CvK findet sich bspw. unter *http://www.usenet-abc.de/Content/Emotionen#a1*.

[68] Der Begriff *emotiv* stammt aus Ulrich (2002: 96) bezüglich verschiedener Funktionen sprachlicher Elemente.

5.3.4 Weitere graphische Ausdrucksformen für Emotionen

Abb. 9

Um einem Beitrag mehr Ausdruck zu verleihen oder den Inhalt der Aussage zu betonen, kann der Nutzer alle formalen Gestaltungsmöglichkeiten ausschöpfen (Abb. 9)[69]: farbige Hervorhebung, veränderte Schriftgröße und Schrift`art`, **fett** gedruckt, *kursiv* gesetzt oder unterstrichen. GROSSBUCHSTABEN werden in der Netzsprache als metaphorisches *Schreien* des Nutzers interpretiert.[70] Eine weitere Möglichkeit besteht in der Reduplikation von Satzzeichen, wie z.B. [...], [???], [?!!?], [!!!] und viele mehr. Damit verleihen die Nutzer ihrem Beitrag eine zusätzliche Betonung des Inhaltes.

Die genannten Merkmale der zusätzlichen formalen Gestaltung werden im Rahmen der qualitativen Analyse berücksichtigt.

---

[69] Beispiel entnommen aus *http://www.gl-cafe.de/*.

[70] Siehe hierzu *New Hackers Dictionary* unter *http://www.eps.mcgill.ca/jargon/jargon.html*. Stark verkleinerte Schriftgröße als Flüstern zu bewerten ist m.E. nach nicht belegt.

6. Methodik

Die übergeordnete Fragestellung der vorliegenden Studie lautet wie folgt: **Wie werden Emotionen in schriftbasierten Webforen für Hörgeschädigte unter Berücksichtigung des Kontextes dargestellt?** Der Schwerpunkt der Untersuchung lag auf der Analyse von Emoticons, Interjektionen und emotiven Akronymen, da diese als typisch für die Kommunikation in computervermittelter Kommunikation gelten. Daraus ergaben sich folgende Forschungsfragen auf quantitativer und qualitativer Ebene (Tab. 2):

quantitativ	qualitativ
Wie häufig werden Emoticons/Interjektionen/emotive Akronyme verwendet?	In welchen Stimmungen (heiter/bedrückt/gelangweilt/...) werden die ausgewählten drei Formen angewendet?
Welche Erscheinungsformen der ausgewählten Elemente werden am häufigsten verwendet?	Werden die drei ausgewählten Formen immer in Kombination mit emotiven Lexemen benutzt?
Tab. 2	Welche weiteren Möglichkeiten zur Emotionsdarstellung werden in den untersuchten Webforen angewandt?

6.1 Datenauswahl

Um die Fragestellungen der Studie beantworten zu können, mussten zunächst im WWW die deutschsprachigen schriftbasierten Webforen für Hörgeschädigte gefunden werden.

Es ergab sich eine Liste von sieben regelmäßig genutzten Webforen, die nach eigener Angabe auf der Homepage die Zielgruppe der Hörgeschädigten, Gehörlosen, Schwerhörigen oder Gebärdensprach-nutzer u. ä. haben (Tab. 3). An dieser Stelle ist kritisch anzu-

Tab. 3
A *http://www.my-deaf.com/*
B *http://www.schwerhoerigenforum.de/viscacha/*
C *http://www.gehoerlose.de/*
D *http://www.gl-cafe.de/*
E *http://www.dcig-forum.de/*
F *pinboard.schwerhoerigen-netz.eu/*
G *http://www.deaf-forum.info* (Österreich)

merken, dass die Zielgruppe der genannten schriftbasierten Webforen nicht der realen Nutzer entsprechen muss. Das Merkmal der Anonymität/Pseudonymität verhindert eine abgesicherte Einordnung der Nutzer. Es muss hingenommen werden, dass in den untersuchten Webforen für Hörgeschädigte die *threads* möglicherweise auch häufig von hörenden Nutzern bzw. nicht nur von hörgeschädigten Nutzern geführt werden.

6.2 Analysekriterien

Die Analysekriterien für den Datenkorpus wurden anhand der Sichtung der in Tab. 3 aufgelisteten Webforen eingegrenzt. Da Emotionsäußerungen eher in informeller Kommunikation zu erwarten sind, wurden ebensolche informellen Unterforen ausgewählt (vgl. hierzu Derks et al. 2007: 846). Diese tragen Bezeichnungen wie „Stammtisch" (Webforum F) oder „Plauderecke" (Webforum D) und weisen teilweise in einer Unterschrift auf informelle Kommunikation hin, z. B. „ein gemütlicher Treffpunkt zum Plauschen" (Webforum D).
In den informellen Unterforen existiert eine z. T. immense Zahl an Themen, sodass eine Auswahl nach informellen bzw. emotiven Gesprächsthemen entfiel. Zudem sind die jeweiligen Themen des Unterforums nur eine Orientierung und verändern sich innerhalb der *threads,* da die Unterforen *hybride Funktionen* aufweisen (in Anlehnung an Höflich 2003). Deshalb wurde der Datenkorpus nach Anzahl der eingestellten Beiträge ausgewählt. Um einen ausreichenden Gesprächsverlauf untersuchen zu können, wurden Themen mit einer Beitragsanzahl zwischen 200 bis 400 ausgewählt. Das jeweilige Gründungsjahr (vgl. 4.1, Tab.1) und das Untersuchungsjahr (2012) werden in der Datenauswahl ausgeklammert. Im Gründungsjahr eines Forums ist die Zahl der Beiträge bzw. Themen und Mitglieder gering und die typische Gesprächskultur im Rahmen der sog. Netiquette muss sich noch ausprägen (Storrer & Waldenberger 1998). Das Untersuchungsjahr wird nicht berücksichtigt, da die zu untersuchenden Unterforen möglichst abgeschlossen sein sollen. Ein noch offener *thread* verhindert eine abschließende bzw. vollständige Untersuchung eines Unterforums. Allen Analysekriterien, einschließlich technischen Voraussetzungen für die Zugänglichkeit zum Datenkorpus, entsprachen letztlich drei schriftbasierte Webforen aus Tab. 3 (Bezeichnung A – G bleibt erhalten; Sortierung nach Anzahl der Mitglieder → s. 4.1, Tab. 1):

C *http://www.gehoerlose.de/*,
D *http://www.gl-cafe.de/*,
E *http://www.dcig-forum.de/*.

Um Zugang zu allen Unterforen zu erhalten, hat sich die Autorin dieser Studie unter verschiedenen Pseudonymen in den jeweiligen Webforen registrieren lassen. Für den Umfang der vorliegenden Studie wurde jeweils ein Thema des informellen Unterforums von zwei schriftbasierten Webforen ausgewählt, in denen die Nutzer längere Beiträge einstellten und ein intensiver Austausch zustande kam. Im Webforum D gab es zwar Unterforen, die den Analysekriterien entsprachen, jedoch wiesen diese nur sehr kurze Beiträge (1-2 Sätze/Ellipsen) auf und dienten überwiegend dem Zweck einer Umfrage unter den Nutzern oder einer spaßgeprägten Unterhaltung (z.B. das Unterforum "Dumme Fragen – dumme Antworten"). Das Webforum D ist daher ungeeignet für die Analyse. Zudem erwies sich die Analyse von zwei Webforen bzw. dessen Unterforen als umfangreich und somit ausreichend für die vorliegende Studie.

Aus dem integrierten Forum der Website für Hörgeschädigte *http://www.taubenschlag.de/* → ***http://www.gehoerlose.de/*** **(C)** wurde aus dem informellen Unterforum „café taubenblau“ das Thema mit der Bezeichnung „*uff* harte Diskussion beim HCIG-Forum“ ausgewählt und analysiert. Innerhalb des Webforums der *Deutsche[n] Cochlear Implant Gesellschaft e. V.* → ***http://www.dcig-forum.de/*** **(E)** existiert ein namentlich informelles Unterforum „Cafe [sic] - die gemütliche Plauderstube ♫“. Das Thema mit der Bezeichnung „Weltgeschehen“ wurde untersucht. Beide Themen ließen einen regen und abwechslungsreichen Austausch der Nutzer erwarten.

6.3 Vorgehensweise – quantitative Analyse

Zunächst wurden die Druckversionen beider Themen mit Seitenzahlen sowie Zeilennummern versehen (auf jeder Seite beginnend mit „1“). Daraus ergab sich folgende Kodierung: (Webforum C; E/Druckversion Seite I-VI/Seitenzahl n/Zeilennummer n). Webforum **C** enthält technisch bedingte Seitenzahlen der Druckversionen (I-VI), die wiederum in Seiten aufgeteilt werden (z.B. S. „3 von 22“). Die Gesamtseitenzahl des Webforums ergibt sich durch Addition aus eben diesen Seitenzahlen. Für das Webforum **E** gab es keine Druckversionen mit automatisch vergebenen Seitenzahlen, sodass

die Inhalte kopiert und hintereinander in ein Microsoft Word-Dokument eingefügt wurden. Um die Kodierung in einem gleichen Schema zu belassen, wird für Beispiele aus **E** immer „I“ verwendet. Beispiel für die Kodierung eines Emoticons: (C/II/3/20) bzw. (E/I/5/38).
Die zu analysierenden Elemente Emoticons, Interjektionen und emotive Akronyme wurden unterschiedlich farbig innerhalb der Druckversionen markiert. Für die quantitative Analyse erfolgte eine tabellarische Auflistung der Belegstellen einschließlich Verwendungsbeispiel sowie eine Auszählung der einzelnen Elemente (s. Anhang). Hierbei wurden die zu erfassenden Nutzernamen und Elemente jeweils in chronologischer Reihenfolge gelistet, entsprechend des Zeitpunktes, zu dem sie im jeweiligen Thema des Unterforums beteiligt sind bzw. verwendet wurden. Zusätzlich wurden die Kombinationen der Emoticons erfasst.
Zitierte Elemente wurden nicht berücksichtigt, da die Zitatfunktion lediglich der diskursiven Kohärenz dienen und *threads* erzeugen und nicht dem unmittelbaren Ausdruck von Emotionen dienen. An dieser Stelle sei darauf hingewiesen, dass die Satzbeispiele wie im Original übernommen wurden und daher beinahe ausnahmslos Grammatik- und Orthographiefehler u.ä. aufweisen.

6.4 Vorgehensweise – qualitative Analyse

Die qualitative Analyse erfolgte datengeleitet, da die Emotionsdarstellung und ~interpretation immer im Kontext betrachtet werden muss (vgl. Schwarz-Friesel 2007). Der Kontext wurde erst innerhalb der quantitativen Erfassung für Webforum C und E ersichtlich. Deshalb orientierte sich die Analyse an der bestehenden Kategorisierung zur quantitativen Erfassung.
Wie bereits beschrieben, lassen sich für Emoticons – außer einer dem Namen nach emotiven Funktion – auch andere Funktionen vermuten (vgl. 5.3.1). Auch Interjektionen, die typisch für die medial mündliche Kommunikation sind, werden in der schriftbasierten Kommunikation anders verwendet und haben keine klaren Interpretationskategorien. Emotive Akronyme konnten nur selten festgestellt werden, daher war eine Einteilung nach etwaigen Funktionen nicht notwendig. Es war problematisch, eine Unterteilung für die qualitative Analyse zu finden. Auch an dieser Stelle ergaben sich die Kategorien auf Grundlage der verwendeten Daten. So wurden für die

Gruppe der Emoticons insgesamt fünf Kategorien zusammengestellt, in denen eine erste Einordnung erfolgte. Diese Einordnung orientierte sich an der primären Funktion innerhalb des Satzkontextes. Zwischen insgesamt fünf Kategorien (Kat. A-E) wurde unterschieden:

Kat. A – unmittelbarer Gefühlsausdruck seitens des Nutzers,
Kat. B – das Element hat eine ergänzende mimische/gestische Funktion,
Kat. C – Humor/Ironie/Witz/allgemein als scherzhaft zu deutende Aussagen,
Kat. D – das Element dient zur Abschwächung der Aussage oder als Meta-Kommentar,
Kat. E – eine Zuordnung zu Kat. A-D ist nicht möglich.

Da Interjektionen bereits in vier Arten theoretisch unterschieden und quantitativ erfasst wurden, entfiel eine erneute Kategorisierung zur qualitativen Analyse.
Die Darstellung der Ergebnisse zur Emotionsdarstellung erfolgt nur exemplarisch anhand oben stehender Kategorien.

7. Analyseergebnisse

Bevor die Ergebnisse der Analyse beschrieben werden, erfolgt ein kurzer Überblick über die verwendeten Daten (Tab. 4):

Name des Webforums (Kodierung)	***http://www.gehoerlose.de/* (C)**	***http://www.dcig-forum.de/* (E)**
informelles Unterforum	café taubenblau	Cafe - die gemütliche Plauderstube ♫
ausgewähltes Thema	*uff* harte Diskussion beim HCIG-Forum	Weltgeschehen
Start des Themas	23.01.2003, 00:07Uhr	31.08.2008, 16:06Uhr
Ende des Themas	24.02.2003, 09:13Uhr	26.02.2010, 23:24Uhr
Gesamtdauer	ca. 5 Wochen (33 Tage)	ca. 78 Wochen (544 Tage)
Anzahl der aktiven Nutzer	32	26
Anzahl eingestellter Beiträge	284	267
Anzahl Seiten (Druckversion)	155	70

Tab. 4: Daten der ausgewählten Korpora im Überblick
[Download am 10.05.2012 (C) und am 22.05.2012 (E)]

Ein wesentlicher Unterschied besteht in der Dauer der gewählten Themen, wobei die Anzahl der eingestellten Beiträge etwa gleich groß ist. Die Nutzer und deren Anzahl an Beiträgen wurden ebenfalls tabellarisch erfasst, woraus sich folgendes Verhältnis ergab: Für das Thema in Webforum C verfassten 12,5% der insgesamt 32 Nutzer über die Hälfte der eingestellten Beiträge (52,8%), in E stellten 7,7% der insgesamt 26 Nutzer knapp die Hälfte der Beiträge ein (45,3%). Der Anteil der Nutzer mit max. zwei verfassten Beiträgen liegt in beiden Themen bei ca. 46%.

7.1 Ergebnisse der quantitativen Analyse

Die quantitative Analyse der Themen aus Webforum C und E erfolgte vor der qualitativen Analyse, da zunächst ein Überblick über Art und Anzahl der verwendeten Formen zur Emotionsdarstellung gegeben sein muss. Folgende Fragestellungen waren relevant: Wie häufig werden Emoticons/Interjektionen/emotive Akronyme verwendet? Welche Erscheinungsformen der ausgewählten Elemente werden am häufigsten verwendet? An welcher Position im Satz die drei Formen jeweils stehen, wird überblicksartig ergänzt.

7.1.1 Webforum C – Thema: „*uff* harte Diskussion beim HCIG-Forum"

a) Emoticons (Anh. 2 & 3):

Die Analyse der Emoticons umfasste beide Erscheinungsformen: *text emoticons* und *graphic emoticons*. *Text emoticons* wurden in vier Erscheinungsformen an elf Stellen beobachtet (Anh. 2), wobei das lächelnde Emoticon :-), bekannt als die Grundform des Smileys, am häufigsten eingesetzt wurde (7 x). Jede Erscheinungsform wird von jeweils einem anderen Nutzer eingesetzt, zum Beispiel hat nur der Nutzer „Karin" das Emoticon :-) verwendet. Ein *text emoticon* wurde gedehnt und folgt auf die Verwendung einer Lexeminterjektion (C/VI/5/16). 12,5% der Nutzer haben *text emoticons* verwendet. In 90,9% der Verwendungsbeispiele stehen diese am Satzende und ersetzen ausnahmslos das Satzschlusszeichen. In einem Satzbeispiel wurde das *text emoticon* in einen Nebensatz eingefügt (C/I/16/17). In Beispiel (C/V/21/4) wird zusätzlich ein *graphic emoticon* verwendet.

Wesentlich häufiger als *text emoticons* ist die Verwendung von *graphic emoticons* innerhalb des Themas aus Webforum C (Anh. 3, xi: 173 Belegstellen). Über die Hälfte der Nutzer (59,4%) haben sie in ihre *threads* eingefügt. Dabei liegt das Verhältnis zwischen nicht animierten (145 x) und animierten (28 x) *graphic emoticons* bei etwa 5:1. Die häufigsten Belegstellen nicht animierter Emoticons konnten für (28 x) und für (49 x) gefunden werden. Auffällig oft wurde das animierte Emoticon (13 x) eingesetzt – das entspricht knapp 50% aller animierten *graphic emoticons*. Gedoppelte Emoticons lassen sich für das Beispiel (3 x), (1 x) und (1 x) nachweisen, z.B. (Anh. 3, i: C/III/1/14) und (ebd., vii: C/IV/2/5).

Zudem wurden verschiedene Emoticons an wenigen Stellen miteinander kombiniert (Anh. 11). Es ergab sich eine Tendenz zur Zusammensetzung verschiedener nicht animierter Emoticons. Hierbei wurde in insgesamt 9 von 12 Fundstellen das oft genutzte „Zwinker-Smiley" verwendet (ebd.).

Nicht animierte *graphic emoticons* wurden zu einem überwiegenden Teil am Satzende eingefügt (vgl. Tab. 5), entweder vor oder nach dem Satzschlusszeichen: Bsp.

Anh. 3 (v: C/III/19/35) oder ebd. (i: C/VI/11/7). Zudem ersetzen sie manchmal das Satzschlusszeichen (ebd., vii: C/II/8/5 u.w.).

Stellung im Satz	*text emoticons*	*graphic emoticons* *nicht animiert*	*animiert*
Gesamtanzahl	11	145	28
Satzanfang	0	3	1
Satzende	10	118	20
Parenthese	1	11	2
Allein stehend	0	5	3
Als Ersatz für Lexeme	0	0	1
keine eindeutige Zuordnung	0	8	1

Tab. 5: Stellung von *text* ~ bzw. *graphic emoticons* im Satz – C

Es kommt außerdem vor, dass ein Emoticon als allein stehende Aussage mit Satzzeichen verwendet wird, anstelle von zusätzlichen Lexemen, z.B.

> [...] für Aufgaben wie Regelung, Steuerung und Datenerfassung.?? (Anh. 3, vii: C/III/23/15).

Ebenso stehen animierte *graphic emoticons* vorwiegend am Satzende (20 x in 28 Belegstellen). An einer Belegstelle ersetzen sie eine ganze Aussage bzw. einen Teil einer Aussage (Lexeme):

> [...] Auf beiden Seiten aber (ebd., viii: C/I/6/18).

Für insgesamt neun Belegstellen konnte keine eindeutige Zuordnung hinsichtlich der Position im Satzgefüge getroffen werden (Tab. 5). In diesen Fällen kann das jeweilige Emoticon sowohl der zuvor stehenden Aussage als auch der nachfolgenden Aussage zugeordnet werden (Bsp. Anh. 3, iii: C/I/1/36 oder viii: C/I/16-17/26).

b) Interjektionen (Anh. 4):

Interjektionen wurden im gewählten Thema des Webforums C insgesamt an 169 Belegstellen beobachtet (Anh. 4, viii). 75% der 32 beteiligten Nutzer haben Interjektionen eingesetzt. Drei von vier Arten der Interjektionen sind belegt, Onomatopoetika wurden nicht gefunden. Den überwiegenden Teil der gesamten 169 Belegstellen bil-

den die Vollinterjektionen (145 x – Anh. 4, vi), wobei die Gruppe der phatischen Vollinterjektionen am meisten eingesetzt wurde (109 x – ebd.): Besonders oft wurden jene verwendet, die der Begrüßung der Forenteilnehmer dienen (*hallo, aloha, hi* – 86 x). Das Wort „aloha" wurde ausschließlich von einem Forenteilnehmer eingesetzt („Lukbo") und steht stets zu Beginn seiner Beiträge und immer gefolgt von einem Namen des anzusprechenden Nutzers (Anh. 4, ii-iii). Emotive Vollinterjektionen sind mit den Beispielen „tja" (7 x) und „ach" (8 x) am häufigsten vertreten. Konative Vollinterjektionen konnten nicht gefunden werden, auch adverbiale Interjektionen sind mit einer Belegstelle selten (Anh. 4, vi: C/III/2/29).
Folgende Beispiele zeigen eine Ausweitung der Lexeminterjektionen auf physische Handlungen oder Abläufe:

(I)

> Das ist einfachste BWL, dass die Firmen aus ihren Einnahmen SÄMTLICHE Kosten zu zahlen haben, u.a. auch die Werbung in der CInderella 2, die in 14 Tagen erscheinen wird *mal ein kleines bisschen Werbung mach* ;o))) (C/VI/5/19; Anh. 4, viii)

(II)

> Hi, Bengis, Klasse hast du deine Statements abgegeben! *Händehochwackeln* ☺ (C/I/3/6; Anh. 4, vii)

In (I) bildet *mach* den inflektiven Verbstamm, welcher ans Ende der Handlung des „Bewerbens" gesetzt wird.
Dehnungen oder Dopplungen von Interjektionen traten an wenigen Stellen auf (Anh. 4, vi-viii). Die phatische Vollinterjektion „hm" wurde an sieben Belegstellen gedehnt (vgl. ebd., v: C/II/6/14 oder C/III/11/14). Als beliebteste Lexeminterjektion ist „grins" zu benennen (13 x), welche teilweise auf „g" verkürzt wurde und dann mehrfach zu „ggg" gedoppelt wurde (vgl. Anh. 4, vii).
Die Daten ergaben hinsichtlich der Position der Interjektionen einen Unterschied innerhalb der Arten (s. Tab. 6). Während Vollinterjektionen meist am Anfang einer Aussage (117 x) standen, wurden Lexeminterjektionen hingegen überwiegend parenthetisch eingesetzt oder stehen am Ende einer Aussage bzw. eines Satzes (vgl. Anh. 4, vii-viii). Wenige Beispiele (Vollinterjektionen) stehen syntaktisch autonom (allein stehend) und bilden eigene Aussagen. Formal wurden Interjektionen selten in Ver-

bindung mit Asterisken verwendet – hauptsächlich eingesetzt und somit auffällig sind Asteriske bei den Lexeminterjektionen (ebd.).

Stellung im Satz	Vollinterjektionen	Adverbiale Interjektionen	Onomatopoetika	Lexeminterjektionen	Gesamt
Gesamtanzahl	145	1	0	23	169
Satzanfang	117	0	0	3	120
Satzende	6	0	0	9	15
Parenthese	12	1	0	11	24
Allein stehend	10	0	0	0	10

Tab. 6: Stellung von Interjektionen im Satz (C) – aufgeteilt nach Interjektionsarten

Die festgestellten Interjektionen stehen insgesamt mit einem Anteil von 71% am Satzanfang, in 14,2% der Beispiele wurden sie eingeschoben und zu 8,9% stehen sie am Satzende.

c) Emotive Akronyme (Anh. 5):

Innerhalb des analysierten Themas des Webforums C wurden drei Akronyme gefunden (z.B. IMHO), die jedoch keine emotive Funktion aufweisen und somit für das Thema der Untersuchung nicht relevant sind (vgl. Anh. 5).

d) Zusammenfassung quantitative Analyse C:

	Anzahl eingestellter Beiträge	Emoticons	Interjektionen	emotive Akronyme
Gesamtanzahl	284	184	169	0
Häufigste Position im Satz		Satzende (78,3%)	Satzanfang (71%)	0

Tab. 7: Quantitative Erfassung im Überblick – C

Die quantitative Erfassung ergab, dass Emoticons generell häufiger eingesetzt wurden als Interjektionen, wobei kein signifikanter Unterschied zu erkennen ist. Emoticons stehen meist am Ende einer Aussage, Interjektionen eher am Satzanfang. Am zahlreichsten wurden von den Nutzern nicht animierte *graphic emoticons* (vgl. Tab. 5) und Vollinterjektionen (vgl. Tab. 6) verwendet.

7.1.2 Webforum E – Thema: „Weltgeschehen"

a) Emoticons (Anh. 7 & 8):

Auch an dieser Stelle wird zunächst nach *text* ~ und *graphic emoticons* unterschieden. An zwei Belegstellen konnte der Prototyp des *text emoticons* beobachtet werden, welche von einer einzigen Nutzerin („silvie") eingesetzt wurden (Anh. 7). Innerhalb einer Aussage wurde :-) stark gedehnt und bildet den Rahmen der Aussage zusammen mit einem gedoppelten nicht animierten *graphic emoticon* (E/I/12/5).

In „Weltgeschehen" konnte ein erhebliches Vorkommen von *graphic emoticons* festgestellt werden (gesamt: 260 – vgl. Tab. 8), welche von 57,7% der beteiligten Nutzer eingesetzt worden sind. Die Emoticons unterteilen sich wiederum in 36 Erscheinungsformen (21 animierte / 15 nicht animierte). Es besteht eine deutliche Präferenz des sog. „Zwinker-Smileys" 😉 mit einem Anteil von 29,9% (s. Anh. 8, vii-viii). Dopplungen nicht animierter Emoticons gab es an drei Belegstellen (Anh. 8, iii: E/I/8/30; E/I/12/5; iv: E/I/33/29). Knapp ein Drittel (31,8%) der animierten Emoticons stellt „das etwas belächelnde Smiley" 😀 dar, welches von 30% der Nutzer eingesetzt wurde (vgl. Anh. 8, xv-xvi).

Stellung im Satz	*text emoticons*	*graphic emoticons* *nicht animiert*	- *animiert*
Gesamtanzahl	2	134	126
Satzanfang	0	9	6
Satzende	2	110	94
Parenthese	0	2	1
Allein stehend	0	5	12
Als Ersatz für Lexeme	0	5	11
keine eindeutige Zuordnung	0	4	2

Tab. 8: Stellung von *text* ~ bzw. *graphic emoticons* im Satz – E

Das nicht animierte Emoticon 😀 wurde überwiegend von einer Nutzerin („silvie" – 10 x in 12 Belegstellen) im Zusammenhang mit der Verabschiedung am Ende eines Beitrags verwendet. Dabei wurde das Emoticon stets mit der gleichen Floskel kombiniert (Anh. 8, vi). Ein weiteres *graphic emoticon* 😬 wurde an neun Fundstellen ausschließlich von einem Nutzer („Regenbogen") eingesetzt. Immense Dopplungen von *graphic emoticons* gab es an einer Belegstelle: wurde in Kombination mit einer Lexeminterjektion eingesetzt (Anh. 8, xiii).

Des Weiteren konnte eine große Affinität zu Kombinationen innerhalb der Gruppe der *graphic emoticons* festgestellt werden (Anh. 12): In 34 Belegstellen konnten Kombinationen gefunden werden, wobei diese in über der Hälfte der Beispiele aus animierten und nicht animierten Emoticons bestanden (55,9%) – diese 19 Fundstellen weisen 11 x eine Verbindung der o.g. präferierten Emoticons und auf. Entweder werden verschiedene Emoticons innerhalb einer Aussage verwendet oder sie erfolgen direkt nacheinander (vgl. ebd.).

Auffällig innerhalb der Kombinationsarten ist, dass die Emoticons auch anstelle eines oder mehrerer Lexeme bzw. Aussagen gesetzt werden (vgl. Tab. 8). Sie werden entweder in den Satz eingefügt (I) oder stehen als eigenständige, satzähnliche Aussage (II) (weitere Bsp. s. Anh. 12):

(I)

> Der Nächste, der auch noch ein kriegt, ist Uli Hoeneß. [Absatz] Fordert der doch tatsächlich von jedem Haushalt mtl. 2 € Soli für die Bundesliga. [Absatz] Ja sicher. Mein Interesse an Fußball beschränkt sich darauf, daß Bayern München eins in die Fresse kriegt ! (Anh. 12, ii)

> Wenn man keine Hilfe braucht sagt man: [Absatz] Nee, geht schon, danke. Aber jemanden krankenhausreif prügeln... wo gibt's denn sowas? Aweil gehts awwer los! (Jetzt gehts aber los!)
>
> Dem müsste man... Aber verbal. Gewalt gilt nicht! (Anh. 12, ii)

(II)

> **Georgier, die zurück in ihre Dörfer wollen, werden von ossetischen Melizen behindert.** und (Anh. 12, ii; Hervorh. i. O.)

> Habt Ihr gelesen, daß in einer U-Bahn ein 34jähriger Mann einem 15jährigen Schüler, der vornübergesunken auf einem Sitz saß, seine Hilfe anbot - und zum Dank krankenhausreif geprügelt wurde ?
>
> (Anh. 12, ii).

Wie aus Tab. 8 ersichtlich wird, stehen Emoticons generell bevorzugt am Ende einer Aussage. Die Beispiele (I) und (II) zeigen, dass diese Emoticons am Ende einer Aussage stehen, parenthetisch verwendet werden oder als allein stehende Aussage gedeutet werden können.

b) Interjektionen (Anh. 9):

Im Thema „Weltgeschehen" aus Webforum E wurden insgesamt 138 Interjektionen von den Nutzern in die Beiträge eingefügt (Anh. 9, x; Tab. 9). Über zwei Drittel der Nutzer (69,2%) verwendete dieses Element in ihren Beiträgen. Vollinterjektionen bilden mit 91,2% den deutlich bevorzugten Anteil, wovon die emotiven Ausdrücke am zahlreichsten waren (ebd., vii-viii). Innerhalb der Gruppe der Vollinterjektionen konnten 23 verschiedene Belegarten beobachtet werden, wovon der emotive Ausdruck „na ja" sehr oft gebraucht wurde sowie der phatische Ausdruck „hallo" (ebd., vii-viii).

Für die anderen drei Arten von Interjektionen wurde mind. eine Belegstelle gefunden. Es ließ sich keine Präferenz für die Verwendung eines bestimmten Beispiels definieren. Die adverbialen Interjektionen wurden in sechs von sieben Belegstellen von dem gleichen Nutzer („Regenbogen") verwendet. Insgesamt gab es eine Dopplung einer Interjektion („Mann, Mann…"; Anh. 9, i) und zwei Dehnungen (ebd., ix).

Es wurden Interjektionen gesichtet (Tab. 9), die als separate Aussage gekennzeichnet sind, zum Beispiel: „Hm. [Freizeile] Einerseits ist natürlich nicht OK, […]" (Anh. 9, vii) oder auch „[…] Finde ich erschreckend und beängstigend diese Leute. Brrrrrr. 😱." (ebd., ix).

Stellung im Satz	Vollinterjektionen	Adverbiale Interjektionen	Onomatopoetika	Lexeminterjektionen	Gesamt
Gesamtanzahl	125	7	1	5	138
Satzanfang	105	0	0	1	106
Satzende	2	0	0	2	4
Parenthese	12	7	0	1	20
Allein stehend	5	0	1	1	7
Keine eindeutige Zuordnung	1	0	0	0	1

Tab. 9: Stellung von Interjektionen im Satz (E) – aufgeteilt nach Interjektionsarten

In 76,8% der Beispiele in Anh. 9 stehen die festgestellten Interjektionen am Satzanfang, 14,5% werden parenthetisch eingesetzt (vgl. Tab. 9). Adverbiale Interjektionen wurden ausschließlich parenthetisch verwendet.

c) Emotive Akronyme (Anh. 10):

Im analysierten Thema aus E wurden insgesamt 14 Belegstellen für drei Arten emotiver Akronyme beobachtet. Zwei Arten dienen als Verabschiedungsfloskel: *Herzliche Grüße* wurde zu „HG" abgekürzt sowie *Liebe Grüße* zu „LG". Eine Nutzerin („reni77") verwendete parenthetisch innerhalb einer Aussage ein typisches Akronym aus der englischen ‚Hackersprache': „lol" (Anh. 10: E/I/34-35/36) ist die Kurzform für *laughing out loud* und impliziert, dass der Verfasser des Beitrags über etwas lacht oder sich über etwas amüsiert. Bis auf das letztgenannte Beispiel wurden alle Akronyme am Ende des Beitrags angefügt.

d) Zusammenfassung quantitative Analyse E:

	Anzahl eingestellter Beiträge	Emoticons	Interjektionen	emotive Akronyme
Gesamtanzahl	267	262	138	14
Häufigste Position im Satz		Satzende (78,6%)	Satzanfang (76,8%)	Satzende (92,9%)

Tab. 10: Quantitative Erfassung im Überblick – E

Die quantitative Erfassung des Themas „Weltgeschehen" (E) ergab, dass Emoticons beinahe doppelt so oft eingesetzt wurden als Interjektionen (Verhältnis etwa 1,9:1). Ähnlich wie die Ergebnisse für Webforum C stehen Emoticons überwiegend am Satzende, Interjektionen hauptsächlich am Anfang einer Aussage.

Am häufigsten setzten die Nutzer beide Arten der *graphic emoticons* (vgl. Tab. 8) sowie Vollinterjektionen ein (vgl. Tab. 9).

7.1.3 Abschließender Überblick

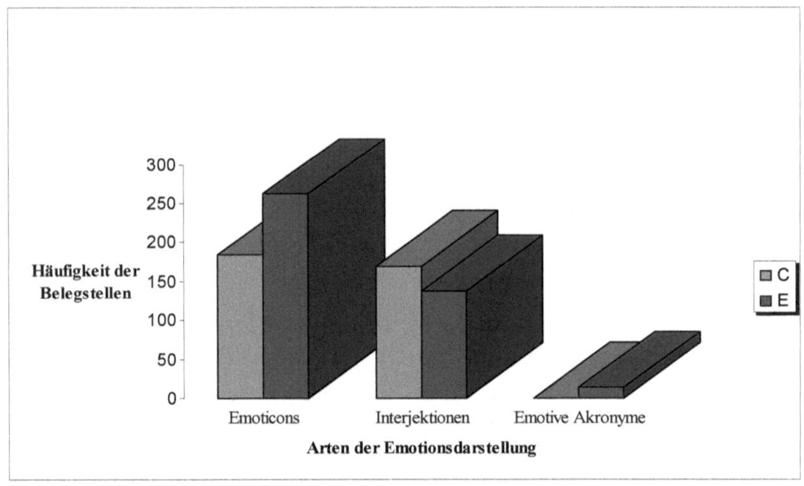

Abb. 10: Ergebnisse der quantitativen Analyse aus Webforum C und E

Aus der Graphik wird ersichtlich, dass Emoticons in beiden ausgewählten Themen der Webforen C und E am häufigsten zur Anwendung kommen. Emotive Akronyme hingegen konnten nur an sehr wenigen Stellen beobachtet werden.

Aus den Ergebnissen der quantitativen Untersuchung heraus ergibt sich für die qualitative Untersuchung die Frage, inwieweit die drei untersuchten Elemente Emoticons, Interjektionen und emotive Akronyme eine emotive Funktion übernehmen und ob sich hierbei besondere Auffälligkeiten erkennen lassen.

7.2 Ergebnisse der qualitativen Analyse – Webforum C

Die grundlegenden Fragen zur datengeleiteten Untersuchung des Themas „*uff* harte Diskussion beim HCIG-Forum“ waren die folgenden: In welchen Stimmungen (heiter/bedrückt/gelangweilt/...) werden die ausgewählten drei Formen angewendet? Werden die drei ausgewählten Formen immer in Kombination mit emotiven Lexemen benutzt? Welche weiteren Möglichkeiten zur Emotionsdarstellung werden in den untersuchten Webforen angewandt? Vorweggenommen sei an dieser Stelle, dass für die Ergebnisse der qualitativen Analyse eine gewisse Subjektivität seitens der Autorin nicht vollständig ausgeschlossen werden konnte. Denn wie in 5.1 bereits beschrieben, sind Emotionen und ihre Darstellung rein subjektiv (vgl. Schwarz-Friesel 2007: 44), woraus sich ergibt, dass auch deren Deutung einer bestimmten Subjektivität unterliegt und somit einem der Kriterien des wissenschaftlichen Arbeitens – Objektivität – nur bedingt entsprochen werden konnte.

7.2.1 Webforum C – Thema: „*uff* harte Diskussion beim HCIG-Forum“

Da das Datenmaterial sehr umfangreich ist, werden die Ergebnisse für die jeweiligen Elemente lediglich beispielhaft für die vorliegende Studie dargestellt.

a) Emotionsdarstellung mittels Emoticons (Anh. 13-17):

Folgende Zuordnungen (Anzahl der Bsp.) ergaben sich für die fünf Kategorien:

Kat. A –	unmittelbarer Gefühlsausdruck seitens des Nutzers:	41
Kat. B –	das Element hat eine ergänzende mimische/gestische Funktion:	31
Kat. C –	Humor/Ironie/Witz/allgemein als scherzhaft zu deutende Aussagen:	43
Kat. D –	das Element dient zur Milderung der Aussage/Meta-Kommentar:	32
Kat. E –	eine Zuordnung zu Kat. A-D ist nicht möglich:	11

Die Einteilung erfolgte datengeleitet und stellt eine erste Orientierung dar. Für elf Belegstellen konnte keine Zuordnung getroffen werden (**Kat. E**), da die Verwendung des Emoticons an den jeweiligen Stellen nicht klar ist, wie z.B.:

(I)

> **Hardware=CI**=Schallaufnahme, -umwandlung und -weiterleitung als elektrische Impulse über Hörnerven ans Hörzentrum ☹ [Freizeile]
>
> **Firmware=Hörzentrum**=Verarbeitung neurophysiologischer Prozesse ☺ [Freizeile]
>
> **Software=Sprachzentrum**=Verarbeitung psycholinguistischer Prozesse ☺ (C/III/31/20; Anh. 17, i; Hervorhebung i.O.)

(II)

> Vor ihm habe ich Respekt! Er sagte einmal: "Mit dem CI ist es so, du hörst die Vorlesung, ebenso wie ein Österreicher in Japan einen Vorlesung auf japanisch hört." [Freizeile] Gruß Delfin ☺ (C/I/8/12; Anh. 17, i)

In beiden Beispielen werden die Emoticons jeweils ans Ende der Aussage gesetzt und beziehen sich somit auf den Inhalt. In Beispiel (I) werden drei verschiedene *graphic emoticons* verwendet, die in keinem direkten Zusammenhang zur Erklärung der Begriffe (Hardware, Firmware, Software) stehen. Außerdem werden keine emotiven Lexeme benutzt und daher ist eine Einordnung erschwert. Vermutlich setzt der Nutzer die Elemente spielerisch ein; denkbar ist auch ein Ausdruck seiner sich verändernden Mimik, die er dem Rezipienten verdeutlichen möchte. Im Vorfeld fragte ein anderer Nutzer gezielt nach o.g. Begriffen. Daher ist es möglich, dass mit der Beantwortung der Fragen die Zuversicht des Produzenten des Beitrags größer wird, dass die Begriffe nun inhaltlich verstanden werden. Aus diesen drei Interpretationsoptionen ergeben sich drei unterschiedliche Funktionen von Emoticons:

1. Ausdruck nonverbaler Elemente (Mimik, Gestik)
2. Emotive Funktion
3. Unterhaltungsfunktion/Humor/Spaß.

Im zweiten Beispiel wurde das Emoticon im Zusammenhang mit der Verabschiedung eingesetzt (Gruß Delfin). Die Bedeutung dessen lässt sich aus dem Kontext nicht erschließen.

Eine klare emotive Funktion der Emoticons (**Kat. A**) konnte an 41 Belegstellen gefunden werden. In sehr vielen Beispielen wurden zusätzlich zum Emoticon emotive Lexeme verwendet, welche wie folgt tabellarisch erfasst wurden:

	Substantive	**Verben**	**Adjektive/ Partizipe**	**Sonstiges**
C	Hoffnung	erleiden	gut (2)	lieber
	Alptraum	hoffen (29	schön	Superduperklasse
	Szenario	streiten	herrlich	endlich mal
	CI-Alarm-Gau	antanzen	sehr schön	leider (3)
	Dinger	staunen	glücklich	tief im Magen sitzen
	Wunder	sich outen	sehr gut	Kopf schütteln
	CI-Sekte		hochbegabt	kalte Füße bekommen
	Schäfchen		billig	blabla
	Schlachtung		verdammt	die Haare zu Berge stehen
	Betonköpfe		teuer	etwas in den Schatten stellen

			sachlich ge-schmückt	????????
				sorry

Tab. 11: Emotive Lexeme in Kombination mit emotiver Funktion des Emoticons – C

Die Verben sind umgangssprachlich gefärbt (antanzen) oder stellen einen eindeutigen Bezug zur Gefühlswelt des Produzenten her (erleiden, staunen). Ebenso finden verschiedene Redensarten Anwendung, um Emotionen und Stimmungen auszudrücken, wie z.B. *die Haare zu Berge stehen* oder etw. *sitzt tief im Magen.*

Zusätzlich wurde Kategorie A in Stimmungen/Gefühlszustände unterteilt: Zuversicht, Angst, Freude, Traurigkeit, Zweifel, Ablehnung, Wut, Überraschung/Erstaunen und Verunsicherung/Unsicherheit. Diese Einteilung ergab sich aus den Daten heraus und wurde vorher nicht festgelegt. Die verschiedenen Stimmungen wurden als Hauptstimmungen innerhalb der *threads* beobachtet. Hierin wurden zudem aussagekräftige und emotive Substantive, wie „Schlachtung“ oder „Alptraum“ zum Gefühlsausdruck eingesetzt. An folgenden drei Beispielen soll die emotive Funktion der Emoticons verdeutlicht werden:

(I)

> [...] – daher: Jemanden zum Rechtsanwalt zu erziehen, dafür braucht man schon ein "fertiges" Bild vom Kind. Darum geht es mir hier nicht. Sondern darum, daß man ihm einfach das Werkzeug (hier CI) gibt, mit an seinem "Bild" bauen zu können. Und wenn ein Künstler daraus wird: Superduperklasse wär es!!! ☺ (C/III/7/19; Anh. 13, i)

Der Nutzer beschreibt seine tolerante Haltung gegenüber der Gehörprothese (Cochlea Implantat). Mit dem umgangssprachlichen Superlativ (Superduperklasse) am Ende seiner Erklärung drückt er seine Freude darüber aus, dass manche Hörgeschädigte tatsächlich von dem CI profitieren (entgegen einer Vielzahl an Kritikern). Der Nutzer unterstreicht seinen freudig-fröhlichen Ausdruck auf der formalen Ebene (!!!) sowie durch die Ergänzung eines *graphic emoticons*. Somit nutzt er drei Möglichkeiten, um auf seine Stimmung aufmerksam zu machen: emotive Lexeme, Dopplungen von Satzzeichen sowie eine bildliche Ergänzung in Form des „Smileys“. Dieses weist im Beispiel (I) eine klare emotive Funktion auf.

(II)

> So isses es leider. Grund ist wohl, die Ärzte denken immer an erster Stelle, GL-CI-Hilfe- wieder hören. ☹ Aber für spätertaubten, die sollen auch besser aufklären, für einen wie du, die an sich selbst kein CI haben will. Allgemein, kurz gesagt, auf GL und deren Wünsche usw werden kaum beachtet, respektiert. (C/VI/19/25; Anh. 13, ii)

In Beispiel (II) bringt der Nutzer seine Traurigkeit und Enttäuschung deutlich zum Ausdruck, in dem er eine voraus gehenden Aussage zustimmt (So isses es leider). Sehr bedauert wird die Tatsache, dass Gehörlose von vielen Medizinern sehr zeitig und oft mit der CI-Operation konfrontiert werden, anstatt Alternativen zu erfahren. Zudem ist die Aufklärung über Vorteile und Nachteile eines CIs mangelhaft. Mit dem weinenden Emoticon ☹ wird das Bedauern über den Zustand verdeutlicht. Belegt wird das durch die abschließende Aussage, dass die persönlichen Vorstellungen der Betroffenen zu wenig beachtet werden. Aufgrund der Stimmung sowie der fehlerhaften Verwendung der deutschen Grammatik kann vermutet werden, dass der Nutzer gehörlos/hörgeschädigt ist, aus eigener Erfahrung heraus schreibt und seine Emotionen zu diesem Thema deutlich ausdrücken möchte.

(III)

> [Zitat…] 😠 Das war immer so, und das wird auch immer so bleiben. Vergiß nicht die Sprechtraining, das kommt auch noch dazu. Als ich im dreikäsehoch-Alter zur SH-Kiga antanzte war es so, daß ich auf gar keinen Fall GS lernen durfte! Blabla, gefährdet Deutschkenntnisse, wird sonst nicht lesen-schreiben können.-... tja, das war vor 20-30 jahren so. […] (C/VI/10-11/34; Anh. 13, v)

In diesem Beispiel drückt der Nutzer deutlich seine wütende, teils aggressive Haltung gegenüber der Hörgeschädigtenpädagogik aus. Es scheint ihm wichtig zu sein, dies als sofortige Antwort auf ein Zitat einzufügen (😠). Betont wird seine Meinung mit der Verwendung von umgangssprachlichen, abwertenden Lexemen: Er musste als Kind im offenbar unbeliebten Kindergarten *antanzen* und wurde lautsprachlich erzogen, was dem Nutzer nach wie vor missfällt (blabla). In (III) wird zusätzlich eine emotive Vollinterjektion eingesetzt, was die Aussage abrunden soll (Das war immer so, und das wird auch immer so bleiben. – tja, das war vor 20-30 jahren so.). Der Nutzer drückt seine genervte, wütende Haltung zur Problematik auf verschiedenen Ebenen aus: Verwendung des Emoticons in Kombination mit emotiven, umgangs-

sprachlichen Lexemen, inhaltlichen Wiederholungen in Kombination mit einer emotiven Vollinterjektion.
Die Emoticons mit einer emotiven Funktion (Kat. A) wurden innerhalb der Daten am häufigsten verwendet, um Freude/Ablehnung auszudrücken (13 x/8 x in 41 Belegstellen). Die anderen Stimmungen sind wenig vertreten (1-6 x).

Zum Teil schwer abgrenzbar von Kat. A ist **Kat. B**, in welcher die Emoticons aus Sicht der Autorin primär eine Ergänzung der nonverbalen Elemente darstellen (Mimik, Gestik). An folgenden Beispielen soll dies erklärt werden:
(I)

> Gleiches gilt für das Hören. So klingt z.B. Japanisch für Europäer wie ein einziger Klangbrei (Tonmischmasch bei Pyros) – ohne Struktur. Kleinkinder können da wohl noch eine Struktur erkennen. Sie verlieren diese Fähigkeit erst im Laufe der Zeit, wenn eben Eltern eine andere Sprache sprechen. Leider habe ich im Moment keine Quelle parat ☹. (C/II/10/29; Anh. 14, i)

(II)

> Auerhahn = Deafsaxonia?!! [Freizeile] Aha, hab ich ned gewusst... 😵😵😵😵 (C/IV/2/5; Anh. 14, i)

(III)

> Was für die CI-Kids am besten ist, wissen die CI-Anpreiser eh ja... 😒 (C/III/6/20; Anh. 14, ii)

Im ersten Beispiel bezieht sich der Nutzer mit seiner Erläuterung in sachlicher Form auf die kindliche Sprachentwicklung. Von der Forengemeinschaft bzw. innerhalb dieses Forenthemas werden oftmals Belege für sachliche oder fachliche Aussagen gefordert, die der Nutzer in diesem Falle nicht anfügen kann, was er bedauert (grau markiert). Der Nutzer ist sich dessen bewusst und schließt seine letzte Aussage mit einem traurig blickenden Emoticon ab (☹). An dieser Stelle wechselt der Nutzer von der sachlichen Ebene zu einer persönlichen Ebene, denn er bedauert das Fehlen eines Nachweises. Hierbei ist zu vermuten, dass der Nutzer nicht tatsächlich in einer traurigen Stimmungslage ist, sondern lediglich eine mimische Ergänzung vornimmt und somit die eingeschränkte Kommunikationssituation innerhalb der schriftbasierten Webforen zu kompensieren versucht. Dennoch kann nicht vollständig ausgeschlossen

werden, ob der Produzent des Beitrags eventuell doch in einer bekümmerten Stimmungslage ist und ihm die Situation (Quelle fehlt) sehr unangenehm ist und traurig stimmt – demnach könnte das Beispiel (I) zu Kat. A zugeordnet werden.
In Beispiel (II) wird die mimische Funktion sehr verdeutlicht, indem das *graphic emoticon* gedoppelt wird. Zwar drückt der Nutzer sein Erstaunen in Kombination mit einer phatischen Vollinterjektion aus (Aha, hab ich ned gewusst...), jedoch ist die graphische Ebene vordergründig (?!! und). Das farbige Element lenkt sofort den Blick des Rezipienten und spiegelt zunächst den stark verwunderten Gesichtsausdruck des Produzenten wider.

Das letzte Beispiel (III) erhält durch die Verwendung des animierten Emoticons eine zynische Bedeutung, welche bei Hörgeschädigten nicht über die Prosodie der Stimme erzeugt werden kann, sondern nur durch die Mimik und Körperhaltung ausgesagt wird. Stelle man sich die Aussage ohne Emoticon vor (Was für die CI-Kids am besten ist, wissen die CI-Anpreiser eh ja...), so könnte eine wütende oder traurige Haltung des Nutzers angenommen werden (dies entspräche demnach Kat. A).

Sehr häufig übernehmen Emoticons eine unterhaltende, humorvolle Funktion (**Kat. C**). 43 Belegstellen konnten zugeordnet werden, welche beispielhaft belegt werden sollen:

(I)

Aloha Uwe,

Ja, ich bin sehr glücklich, dass es Gehörlose auf der Welt immer noch geben darf weil sie so viele Schönheiten wie Gebärdensprachpoesie zu bieten hat. (C/IV/32/31; Anh. 15, ii)

Die Aussage wird eingeleitet mit einem Ausruf (Amen), welcher auf formaler Ebene betont wird (farbig, Großbuchstaben). Beide *graphic emoticons* unterstreichen den humorvollen Charakter des Ausrufs. Erst im Anschluss wird direkt Bezug zum persönlichen Empfinden auf Seiten des Nutzers genommen. Das bedeutet, dass die primäre Funktion von eine scherzhafte ist.
Im nächsten Beispiel ist die humoristische Funktion eindeutig:

(II)

> Ad 4.) Stichwort Abhängigkeiten. Interessantes Problem. Es ist nun einmal eine Neigung des (modernen?) Menschen sich lieber auf die Technik, als auf den Menschen zu verlassen, sei es bei Kernkraftwerken oder beim Eintritt des Space Shuttles in die Erdatmosphäre. Warum? Höhere Zuverlässigkeit? (Ersatzbatterien sind klein und passen in jede Tasche, da noch einen zweiten Dolmetscher unterzubringen ist schwierig ☺). Eine Art Technikfetischismus? [...] (C/III/16/36; Anh. 15, ii)

Es ist davon auszugehen, dass man die Teilaussage [...] *da noch einen zweiten Dolmetscher unterzubringen ist schwierig* auch ohne das Smiley als Spaß versteht, denn es kann nie ein Mensch in einer regulären Tasche „transportiert" werden. Die gesamte Aussage ist sachlich formuliert, erst an der spaßhaft gemeinten Teilaussage wird das Emoticon zusätzlich eingesetzt.

(III)

> Auch die CIAA hat sich in den letzten Jahren deutlcih verändert und nichts was Du HEUTE sagst, findet sich in den Heften 19 und 20 wieder, die mir vorliegen. [Freizeile] Wäre schön, wenn Du mich aufklären würdest, also nicht über Bienen und Blumen 😃 (C/II/5/7; Anh. 15, i)

Die Fundstelle zeigt eine Aussage (Wäre schön, wenn Du mich aufklären würdest), die erst durch die Ergänzung *also nicht über Bienen und Blumen* in Kombination mit dem Emoticon als scherzhaft zu deuten ist. Die konventionalisierte Redewendung wurde früher als Metapher für sexuelle Aufklärung verwendet, heute ist diese Formulierung eher als Spaß zu verstehen, indem man damit auf die frühere Tabuisierung des Themas der Sexualität bzw. Aufklärung anspielt. Ohne die nachträgliche humorvolle Formulierung könnte man die Stimmung des Nutzers als eher ernst/distanziert-abwartend werten. Um es aber dennoch als Humor verstehen zu können, bedurfte es des Emoticons. Das bedeutet, dass diese Belegstelle auch zur Kat. D zugeordnet werden könnte, denn die Verwendung von 😃 beugt einem etwaigen Missverständnis vor. An dieser Stelle zeigt sich auch die Problematik, die Funktionen der Emoticons exakt einzuordnen. Verwendet ein Nutzer dieses Element wie in (III) zur humorvollen Untermalung seiner Aussage, könnte ebenfalls davon ausgegangen werden, dass er zumindest in einer positiven Stimmung ist bzw. positive Emotionen mindestens mimisch darstellen möchte (Kat. B).

Eine auffallend oft beobachtete Art, Emoticons einzusetzen, ist die der Metakommunikation bzw. die Wirkung der Aussage zu mildern (**Kat. D**). Hierbei wurde das beliebte zwinkernde Smiley ☺ oft gebraucht. An zwei Belegstellen soll dies exemplarisch erläutert werden:

(I)

> Karin, [Freizeile] DIe sich jetzt hier erstmal ausklinkt, bi du das mit der Firmware verstanden hast! ☺ [Freizeile] Gruß Karin (C/III/31/15; Anh. 16, i)

Dem angesprochenen Rezipienten des Beitrags zu verdeutlichen, er habe etwas noch immer nicht verstanden, kann schnell als beleidigend – als *Flaming* – aufgefasst werden. Wird dies aber nicht beabsichtigt, wie Beispiel (I) zeigt, so beugt das abschließende Emoticon einem Missverständnis vor. Der Rezipient versteht somit, dass die Aussage von „Karin“ nicht persönlich gemeint ist. Das Emoticon weist somit eine klare Funktion auf, die Wirkung der Aussage zu mildern.

Ein zweites Beispiel soll die metakommunikative Funktion verdeutlichen:

(II)

> [...] je früher das Kind implantiert wird. (siehe die Neurophysiologie, erklärt von Klinke z.B.; Szagun ist keine Neurophysiologin....) habe das auch schon in einem früheren Posting erklärt. Macht nix, wenn wir uns hier wiederholen... ☺ Klar gibt es auch Negativbeispiele, in denen das CI fürs sprachverstehen nix bringt. [...] (C/IV/13/15; Anh. 16, ii)

Wie zu erkennen ist, tauschen sich die Nutzer auch auf der Metaebene aus (Macht nix, wenn wir uns hier wiederholen). Der Produzent drückt aus, dass ihn eine inhaltliche Wiederholung nicht störe und verstärkt bzw. belegt seine Aussage mit dem zwinkernden *graphic emoticon.*

⇩

Alle Beispiele zur graphischen Darstellung von Emotionen mittels Emoticons zeigen, dass es zwar mehr als nur die emotive Funktion gibt. Jedoch erweist es sich als schwierig, andere primäre Funktionen des Elementes herauszuarbeiten. Zusätzlich zur graphischen Ebene verwendeten die Nutzer emotive Lexeme oder weitere Elemente der formalen Ausgestaltung (Schriftgröße, Farbe, Dopplung von Satzzeichen etc.). Animierte Emoticons, die Elemente der DGS verwenden, konnten nicht beobachtet werden.

In den Belegstellen zur Emotionsdarstellung mittels Emoticons in C wurden zwar emotive Lexeme verwendet, jedoch nicht in jeder Fundstelle. Vor allem innerhalb der Kat. D (Meta) sind diese nicht vordergründig, da die Nutzer eher über den kommunizierten Inhalt schreiben und in welcher Art und Weise sie diesen verstanden haben. Der Einsatz von *text* ~ oder *graphic emoticons* dient dazu, die Wirkungen der Aussagen (Beiträge) zu verändern – vermutlich oftmals, um Missverständnissen oder gar *Flaming* vorzubeugen.

Im weiteren Verlauf der Studie wird für das Thema aus dem schriftbasierten Webforum C die Emotionsdarstellung anhand von Interjektionen exemplarisch dargelegt. Da für den begrenzten Umfang dieser Studie lediglich eine beispielhafte Erläuterung möglich ist, beschränkt sich die Autorin auf Beispiele aus C. Beispiele aus „Weltgeschehen" (E) sind lediglich im Anhang gelistet (Anh. 13-17: Emoticons; Anh. 9: Interjektionen).
Emotive Akronyme wurden in C nicht beobachtet, deshalb kann keine Analyse hinsichtlich der Emotionsdarstellung erfolgen.

<u>b) Emotionsdarstellung mittels Interjektionen (Anh. 4):</u>
Eine Vielzahl der Nutzer hat Interjektionen in ihren Beiträgen eingefügt. Ausgehend von den Kategorisierungen nach Vollinterjektionen, adverbialen Interjektionen, Onomatopoetika und Lexeminterjektionen wird nun versucht, die emotive Funktion nachzuweisen.
Eindeutig nachweisbar ist die Übermittlung von Stimmungen/Gefühlen innerhalb der großen Gruppe der Vollinterjektionen, insbesondere innerhalb der emotiven Untergruppe:
(I)

> Dann habe ich also auch mir etwas unterstellt? Ohhh. (C/II/25/20; Anh. 4, i)

(II)

> Wow... [2 Freizeilen] Ich kann nur soviel sagen: Jeder ist fuer sich verantwortlich; [...] (C/I/2/1; Anh. 4, i)

(III) (nächste Seite)

ich hörte mit hg zwar geräusche, konnte sie aber nicht unterscheiden, geschweige denn zuordnen. folge? ich ließ das hg links liegen, was soll ich damit?... nur hören? undefinierbare geräusche? pffht... (C/II/6/19; Anh. 4, ii)

(IV)

Tja, so schreibt nur, wer glaubt die Weisheit für sich gepachtet zu haben. Traurig traurig... (C/I/19/28; Anh. 4, i)

In oben stehenden Beispielen (I-IV) werden verschiedene Emotionen anhand der emotiven Vollinterjektionen transportiert, zum Beispiel ein Erstaunt-Sein des Nutzer (Wow) oder eine sehr abwertende Haltung und negative Stimmung mittels *pffht* oder *tja*. In (IV) wird die ablehnende Einstellung bzw. negative Bewertung bezüglich der Aussage eines anderen Nutzers zusätzlich mit einer abfällig zu deutenden Redewendung – *jmd. habe die Weisheit für sich gepachtet* – ergänzt. Durch die Wortwiederholung am Ende der Aussage (Traurig traurig...) kommentiert der Produzent des Beitrags die Richtigkeit seiner Meinung, der andere liege hingegen im Unrecht. Der Nutzer drückt somit auf mehreren Ebenen seine Ablehnung aus: Interjektion (tja), Lexeme (Redewendung, Wortwiederholung) und auf formaler Ebene (...). Insgesamt wirkt die Aussage (IV) zudem provozierend, da die Auslassungszeichen wie eine Aufforderung gegenüber den anderen Nutzern zu deuten sein könnten. Zumindest sind diese Zeichen (...) sehr häufig in den Themen aus C und E zu beobachten und bieten möglicherweise die Ansatzpunkte für Diskussionen oder Reaktionen, welche letztlich die *threads* erzeugen. Mittels Dehnungen (Ohhh) kann sich auch die Intensität des Emotionsausdrucks erhöhen (Bsp. I).

Es konnten weiterhin verschiedenste Lexeminterjektionen (auch: Inflektive) festgestellt werden. Die für das untersuchte Thema beliebteste Lexeminterjektion *grins* sowie eine Besonderheit konnten wie folgt konstatiert werden:

(I)

Das war eine radikale Einstellung, grins.... Damit habe ich mir auch nicht immer Freunde gemacht. 😈 (C/I/9/18; Anh. 4, vii)

(II)

Lea, immer noch hänge ich Dir den Tipp an (= hoffe, Du kriegst trotzdem keinen Verfolgungswahn, grins!): Besuche mal die Gl-Schulen, Sh-Schulen und Frühfördereinrichtungen [...] (C/III/5/7; Anh. 4, vii)

(III)

> Hmmm – Fragen kannst Du mir immer stellen 😃 - fragt sich nur, ob ich sie beantworte *ggg*: [...] (C/IV/11/25; Anh. 4, vii)

Das erste Beispiel wird mit vier Auslassungszeichen ans Ende der Aussage gesetzt und spiegelt die Haltung des Produzenten wider. Dieser bezieht sich auf seine eigene Vergangenheit, in welcher er als Jugendlicher stets eine ablehnende Haltung zeigte. Das akzeptiert er vollkommen und äußert sich auch ein wenig Stolz darüber, in dem der Nutzer seine Mimik anstatt eines Emoticons quasi verschriftet: „grins....“. Die Wirkung einer ablehnenden Haltung gegenüber anderen bzw. der Meinung anderer unterstreicht er mit dem „Teufelsmiley“ 😈, was vermutlich die Mimik und Reaktion der anderen zusammenfassend darstellen soll – das heißt, der Nutzer ergänzt die negative Wirkung der Lexeme (Damit habe ich mir auch nicht immer Freunde gemacht) auf der graphischen Ebene.

Interessant ist die Verwendung von Lexeminterjektionen, die in direktem Zusammenhang mit der Gebärdensprache stehen:

(I)

> Hi, Bengis, Klasse hast du deine Statements abgegeben! *Händehochwackeln* 😃 (C/I/3/6; Anh. 4, vii)

(II)

> Es war für mich sehr interessant, den Kindern beim Erzählen von Geschichten in DGS zuzusehen. Wirklich alle Kinder haben den Applaus *händehochwirbel* verdient. (C/IV/33/5; Anh. 4, viii)

Die Hände nach oben zu halten und sie zu bewegen (wirbeln, wackeln) ist der „visuelle Applaus“ für Hörgeschädigte, d.h. das Äquivalent zum Geräusch erzeugenden Klatschen unter Hörenden. Hierin zeigt sich auch, dass Lexeminterjektionen nicht nur aus unvollständigen Wortstämmen bestehen können, wie dies bspw. bei *grins[en]* oder *wirbel[n]* der Fall ist, sondern einen physischen Bewegungsablauf beschreiben können: die Hände werden nach oben gehalten und anschließend „wackeln“ sie hin und her. Diese Form der Interjektionen könnte man mit dem Begriff der *erweiterten Lexeminterjektion* bezeichnen. Die bisherige Form ließe sich – ergänzend dazu – als *einfache Lexeminterjektion* beschreiben. ‚Erweitert‘ umfasst keinerlei spezifische

Angaben und drückt passend aus, dass das inflektive Verb bzw. Wort zusätzliche Merkmale enthält.

Die quantitative Erfassung (C) ergab, dass phatische Vollinterjektionen den größten Anteil der Interjektionen bilden (109 x in 169 Belegstellen) und meist am Anfang eines Beitrags stehen (vgl. Anh. 4). Konventionalisierte Begrüßungsfloskeln wie *hallo, aloha, hi* u.w. weisen keine primär emotionsausdrückende Funktion auf, sondern verdeutlichen in erster Linie den Referenzbezug des Nutzers. Dadurch kann ein kohäsiver Diskurs erhalten bleiben, da ein oder mehrere Nutzer direkt angesprochen werden *Hi Bengie, [...]* (Anh. 4, iv) oder *Hallo alle, [...]* (ebd.). Es konnten jedoch auch Belegstellen gefunden werden, die eine emotive Wirkung des Produzenten vermuten lassen:

(I)

> Früher war es so, die hg kam, dann hat man gesagt, üben, sprechen ist das wichtigste. und ich kann mir nicht denken, daß es heute mit CI anders ist... hmmmm (C/III/11/14; Anh. 4, v)

(II)

> Die Software muss ja erst noch zum Laufen gebracht werden. Hm, was sagen CI-Träger dazu? (C/IV/3/33; ebd.)

Für (I) und (II) kann der Rezipient interpretieren, dass der Produzent des jeweiligen Beitrags eine eher ablehnende Haltung hat und in einer besorgt-bedrückten Stimmung ist (bezügl. der CI-Technik und CI-Wirksamkeit). Andererseits ist denkbar, dass den Interjektionen eine kohäsive Funktion zukommt. In (II) wird die Reaktion der anderen Nutzer direkt eingefordert (Hm, was sagen CI-Träger dazu?). Auch möglich wäre, dass z.B. *hmmmm* die überlegende Mimik der Nutzerin widerspiegelt oder aber eine indirekte Forderung nach Rückmeldung ist.

7.2.2 Zusammenfassung – qualitative Analyse

Zusammenfassend kann konstatiert werden, dass sich eine gesicherte Einordnung der Interjektionen nach emotiven Funktionen oder ergänzenden Funktionen sowie eine qualitative Beschreibung hinsichtlich der Emotionsdarstellung als problematisch erweist. Demnach ist eine Einteilung in Stimmungen, in denen die beobachteten Interjektionen stehen, nicht zielführend.

8. Diskussion

Die Untersuchung ergab, dass Emoticons, Interjektionen und emotive Akronyme in schriftbasierten Webforen zu beobachten waren, wenngleich in unterschiedlichem Umfang.

Die Ergebnisse zeigen, dass sich besonders die qualitative Untersuchung der Elemente Emoticons und Interjektionen (emotive Akronyme konnten in C nicht beobachtet werden und entfallen an dieser Stelle) als besonders schwierig erwies. Für beide Elemente wurde anhand der verwendeten Literatur eine Klassifizierung vorgenommen. **Emoticons** wurden bereits wertungsfrei und nur nach ihren Erscheinungsformen unterteilt. Dies erlaubte zum Einen eine Zuordnung und Aufstellung aller Belegstellen, die für die qualitative Untersuchung notwendig war. Zum anderen war es möglich, die „Smileys" im Kontext der eingestellten Beiträge zu deuten. Wie Dresner & Herring (2010) und McDougald (2011) herausarbeiten, weisen Emoticons nicht nur eine emotive Funktion auf, sondern auch eine kommunikative. Dies wird durch die Einteilung der Emoticons nach Analysekategorien A (unmittelbarer Gefühlsausdruck), Kat. B (mimische/gestische Funktion), Kat. C (Humor/Ironie/Witz), Kat. D (Metakommunikation/Abschwächung) und Kat. E (unklare Zuordnung) bestätigt. Selbst diese Kategorisierung stellt lediglich eine *Orientierung* dar. Eine emotive Funktion konnte zwar teilweise bestätigt werden, jedoch ist die Zuweisung einer humorgeprägten, mimischen/gestischen Funktion oder der Metakommunikation keineswegs abgesichert.

Die für diese Untersuchung ausgewählten Themen wurden gezielt nach ihrem Grad des informellen Austauschs ausgewählt, da innerhalb von informeller, lockerer Kommunikation ein reger Ausdruck von Emotionen zu erwarten war. Es lässt sich deshalb vermuten, dass in den *threads* auf verschiedene Weise Emotionen ausgedrückt werden. Beispielsweise wird sich im humorvollen Kontext (Kat. C) der Produzent des Beitrags auch in einer gewissen Stimmung befinden und diese mittels scherzhafter Verwendung von Emoticons vermitteln.

Es stellt sich die Frage, welche Funktionen Emoticons haben können und welche davon die primäre ist oder ob gar von hybriden Funktionen ausgegangen werden sollte. Wie Dresner & Herring (2010) bereits konstatierten, fehlen hierfür derzeit aktuelle

Forschungen. Anhand ausstehender Ergebnisse könnten Emoticons neu klassifiziert werden, wonach eine anschließende Analyse der Emotionsdarstellung geeigneter erscheint, als das für diese Studie möglich war. Zudem muss der Begriff *Emoticons* überdacht werden, da nachweislich nicht nur der Wortbedeutung nach (Emotional Icons) Emotionen ausgedrückt werden, sondern bspw. auch auf der Metaebene kommuniziert wird. Bereits 2001 haben Walther & D'Addario und Sixl-Daniell & Williams (2005) den Begriff der *relational icons* oder *pictographs* vorgeschlagen. Inwieweit diese Bezeichnungen passend sind, kann derzeit nicht konstatiert werden, da zunächst die Funktionen der Emoticons eindeutig eruiert werden müssen.
In Anbetracht neuer Softwareprogramme für den Bereich der CvK muss ergänzt werden, dass animierte Emoticons nicht nur abstrahierte menschliche Gesichtsausdrücke darstellen, sondern zusätzlich komplexe Bewegungsabläufe aufweisen. Daher sind auch die in der verwendeten Literatur anzutreffenden Definitionen von Emoticons als Repräsentation von Gesichtsausdrücken unzureichend. Dresner & Herring (2010) stellen richtig fest, dass es in manchen schriftbasierten Anwendungen der CvK zwar auch andere *icons* gibt, wie z.B. ein Herz (249). Dennoch fehlt die Erweiterung hinsichtlich der animierten Emoticons. Daher wird folgende, **vorläufige Definition** vorgeschlagen (unter Verwendung des vermutlich veralteten Begriffs Emoticon):

Emoticons sind abstrahierte Repräsentationen von physischen, menschlichen Charakteristika, die sich mit oder ohne inhärente Bewegung(en) darstellen und innerhalb der schriftbasierten CvK zur Anwendung kommen. Sie weisen hybride Funktionen auf und sind nur im Kontext ihrer Anwendung interpretierbar.

In der Face-to-Face-Kommunikation äußern sich Emotionen auf der nonverbalen Ebene, als körperliche Erscheinungsformen oder auf der verbalen Ebene (Schwarz-Friesel 2007). Die nicht willentlich steuerbaren Reaktionen müssen von den Nutzern schriftbasierter Webforen in eine willentliche, ganz bewusste Äußerung transferiert werden. Ohne diesen Handlungsschritt wäre es dem Rezipienten schwer möglich, die Emotionen des physisch nicht anwesenden Produzenten eines Beitrags zu erkennen. Die Bewusstheit der Äußerung entsteht während des Schreibens – hierbei muss sich der Nutzer darüber im Klaren sein, was er ausdrücken möchte und vor allem wie (auf der Lexemebene, auf der graphischen Ebene oder auf der formalen). Denkbar ist, dass *text ~/graphic emoticons* als Kompensation zur verbal-schriftlichen Kommunikation verwendet werden (Walther & D'Addario 2001: 343). In Bezug auf Hörgeschädigte mit einer geringen Schriftsprachkompetenz bzw. Deutschkompetenz ist vorstellbar, dass sie ihre Emotionen auch bevorzugt graphisch darstellen, sobald sie diese auf der reinen Satzebene/Wortebene nicht formulieren können. Das ist jedoch eine Hypothese, die nur durch gezielte Befragung und/oder Beobachtung des Personenkreises eruiert werden könnte. Ebenso ungesichert ist die Verwendung von Emoticons als grammatisches Mittel, anstelle eines Ausdrucks von Stimmungen und Gefühlen. Innerhalb der Analyse wurden einige „Smileys" der Kat. B. (mimischer/gestischer Ausdruck) zugeordnet. Es kann nicht geklärt werden, inwieweit diese Belegstellen tatsächlich emotive Funktionen aufweisen oder aber grammatikalische Relevanz haben (bspw. gibt es eine „Frage-Mimik", bei welcher der Oberkörper und Kopf leicht nach vorn geneigt sind und die Augenbrauen nach oben gezogen werden). Abschließend muss festgehalten werden, dass Emotionen auf der graphischen und lexikalischen Ebene ausgedrückt werden, jedoch eine abgesicherte Deutung nicht möglich war.

Doch Emotionen werden in der Face-to-Face-Kommunikation typischerweise auch mittels **Interjektionen** erkennbar (Schwarz-Friesel 2007). In schriftbasierten Webforen ist es aufgrund des Schreibprozesses notwendig, die Interjektionen gezielt zu formulieren. Die anfängliche Einteilung der Interjektionen in vier Kategorien Vollinterjektionen, adverbiale Interjektionen, Onomatopoetika sowie Lexeminterjektionen (Hentschel/Weydt 2003) muss hinsichtlich der Emotionsdarstellung verändert werden. Da Emotionen nur im Kontext erfasst werden können, wird daher vorgeschlagen, dass die vier Kategorien bestehen bleiben – die Unterteilung der Vollinterjektionen nach ihren Funktionen in *phatisch, emotiv* und *konativ* entfällt. Ergänzt wird eine Unterteilung der Lexeminterjektionen wie oben beschrieben (Abb. 11 auf der folgenden Seite):

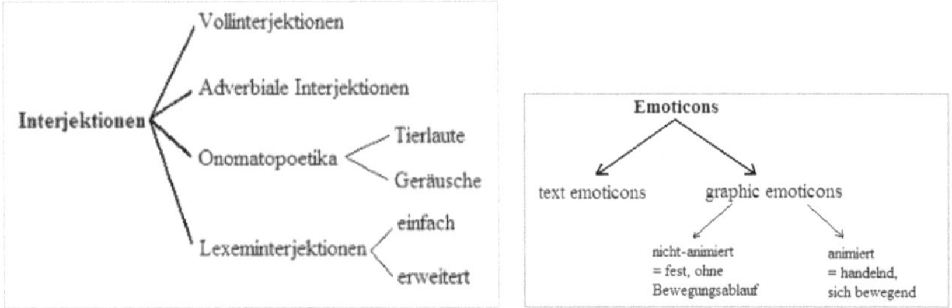

Abb. 11: Einteilung von Interjektionen (verändert) und Emoticons (unverändert) nach ihren Erscheinungsformen [in Anlehnung an Hentschel/Weydt 2003]

Somit werden sowohl Emoticons als auch Interjektionen nur anhand ihrer Erscheinungsformen und nicht nach etwaigen Funktionen unterschieden. Diese Unterscheidung ist geeigneter, da sie eine kontextgebundene Analyse zulässt und keine vorangestellte Zuweisung von emotiven oder kommunikativen Funktionen enthält. Es hat sich für beide Themen aus C/E bestätigt, dass Interjektionen meist außerhalb des Satzes stehen (Ulrich 2002), wenngleich die frequente Verwendung phatischer Vollinterjektionen (anfängliche Einteilung) wie *hallo*, *hi* etc. (meist am Satzanfang) selten eine emotive Funktion aufwiesen. Folglich erlaubt das die Annahme, dass Interjektionen – ebenso wie Emoticons – neben der emotiven Funktion auch eine kommunikative Funktion aufweisen können.

Es ergibt sich ohnehin die Überlegung, inwieweit sich die Merkmale eines Elementes aus der medial mündlichen Sprache, nämlich die heterogene Gruppe der Interjektionen, überhaupt in die medial schriftliche computervermittelte Kommunikation übertragen lassen. Schwarz-Friesel (2007: 161) gelangt sogar zu der Hypothese: „Sind die Emoticons mittlerweile die ‚Interjektionen des Internets'?". An dieser Stelle zeigt sich der enorme Forschungsbedarf.

Zudem ergaben sich innerhalb der quantitativen Analyse Auffälligkeiten hinsichtlich der Verwendung einzelner Elemente. Manche Emoticons und Interjektionen wurden ausschließlich von jeweils einem einzigen Nutzer eingesetzt: z.B. wurde *Aloha* alleinig von „Lukbo" verwendet (25 x; Webforum C) und das nicht animierte *graphic emoticon* ☻ nur von „Regenbogen" (9 x). Das wirft die Frage auf, inwieweit die aktiven Nutzer der Webforen diese zur Selbstdarstellung oder zum Spiel mit der eigenen Identität nutzen, wie es bereits von Döring (2000) thematisiert worden ist.

Belegstellen für die Gruppe der **emotiven Akronyme** konnten hinsichtlich der Emotionsdarstellung in schriftbasierten Webforen nur sehr wenig festgestellt werden. Akronyme im Allgemeinen sind typisch für die CvK und basieren ursprünglich auf der englischen Sprache. Möglicherweise sind diese Formen in deutschsprachigen Foren für Hörgeschädigte weniger bekannt oder ihre Anwendung hat sich stark minimiert. Denkbar ist auch, dass die Nutzer zur Emotionsdarstellung eher auf visuelle Mittel wie Emoticons zurückgreifen. Da lediglich zwei Themen für die vorliegende Studie ausgewählt wurden, können diese Thesen nicht belegt werden, sondern bedürfen weiterer, zunächst quantitativer Forschungen.

Alle untersuchten Elemente – Emoticons, Interjektionen und emotive Akronyme – lassen sich in der CvK beobachten. Für die vorliegende Studie wurden informelle Unterforen ausgewählt, da dort einerseits ein deutlicher Emotionsausdruck zu erwarten war, andererseits sind diese gekennzeichnet durch Charakteristika der konzeptionellen Mündlichkeit. In Bezug auf *newsgroups* beschreibt Storrer (2000) die Sprache der Nähe auf der Satzebene, die an dieser Stelle nicht mit beiden ausgewählten Themen „Weltgeschehen“ (E) und „*uff* harte Diskussion beim HCIG-Forum“ (C) belegt werden können, da dies nicht im Fokus der Untersuchung lag. Dennoch konnte zumindest beobachtet werden, dass umgangssprachliche Formulierungen und dialektale Ausdrücke verwendet wurden.

Das Konzept der Mündlichkeit nach Koch/Oesterreicher (1994) wurde auf theoretischer Ebene auf schriftbasierte Webforen übertragen und kann für beide Themen wie folgt charakterisiert werden:

- *raum-zeitliche Nähe/Distanz der Kommunikationspartner*

  Die Spanne der zeitlichen Nähe/Distanz ist in den Themen aus C/E groß. Sie reicht von wenigen Minuten (Beitrag n1: 03.09.2008/11:27Uhr – Beitrag n2: 03.09.2008/11:29Uhr – Beitrag n3: 03.09.2008/11:44Uhr; E/I/8/24,26,32) bis hin zu mehreren Tagen oder Wochen (s. C/E). Das bedeutet, dass die Kommunikation zwar asynchron stattfindet, aber auch eine Nähe zur nahezu synchronen Kommunikation aufweist, sobald nur wenige Minuten zwischen den eingestellten Beiträgen vergehen.

- *Emotionalität*
  In beiden Themen fand ein Meinungsaustausch über sachliche Themen wie das Cochlea Implantat oder Themen aus Politik statt. Der Austausch kennzeichnet sich durch die Verwendung von emotiven Lexemen, Emoticons und Interjektionen. Emotionalität konnte in beiden informellen Unterforen bzw. den ausgewählten Themen beobachtet werden.
- *Situations- und Handlungseinbindung*
  Die Nutzer bildeten einen Diskurs, indem sie gegenseitig aufeinander mit eingestellten Beiträgen reagieren. Zudem verdeutlichen sie, wen sie ansprechen wollen (@ Nutzer, Zitatfunktion, direktes Ansprechen mit Pseudonym oder bekannten Vornamen). Das Verhältnis der Nutzer mit vielen Beiträgen im Vergleich zu den Nutzern mit ein bis zwei Beiträgen (Anh. 1+6) zeigt, dass sich viele Nutzer aus dem aktiven Austausch wieder zurückgezogen haben, was von Seiten der aktiven Nutzer nicht kommentiert wurde (Prinzip der Unverbindlichkeit greift).
- *Verhältnis des Referenzbezugs zur Sprecher-origo*[71]
  In „*uff* harte Diskussion beim HCIG-Forum“, welches insgesamt ca. einen Monat geführt wurde, ist der Initiativbeitrag zum Thema CI ausführlich und die gesamten Folgebeiträge beziehen sich in irgendeiner Form darauf. Jedoch hat der Nutzer des ersten Beitrage (bengie) nur einen einzigen weiteren Beitrag verfasst. Der Meinungsaustausch findet zwischen anderen Nutzern statt.
  Anders verhält es sich in „Weltgeschehen“, worin *Regenbogen* den Initiativbeitrag sowie den Abschlussbeitrag verfasst und sehr regelmäßig den Meinungsaustausch anregt (Beteiligung: 93 von 267 Beiträgen).
- *kommunikative Kooperation der Rezipienten*
  Im Thema aus (E) ist die kommunikative Kooperation der Rezipienten als gering einzustufen, da knapp die Hälfte der Nutzer weniger als 1% der Beiträge verfasst haben. Lediglich zwei Nutzer stellten mehr als 10% der Beiträge ein. In (C) liegt die kommunikative Kooperation etwas höher, jedoch verfassten auch hier knapp 50% der Nutzer nur ein bis zwei Beiträge (> 1%).

[71] Koch/Oesterreicher (1994: 588) verwenden diesen Begriff in Anlehnung an Bühler (1965: 102ff.).

Entweder haben sich die eher passiven Nutzer vollständig aus dem *thread* zurückgezogen oder sie nehmen als Lurker am Meinungsaustausch teil.

- *Dialog/Monolog*
  Die Kommunikation ist polylogisch ausgerichtet, jedoch konnten auch monologische und dialogische Anteile beobachtet werden. Zum Beispiel verfasste der Nutzer *Regenbogen* mehrere aufeinander folgende Beiträge, ohne dass ein weiterer darauf reagierte. Dialogisch Anteile entstehen innerhalb der *threads* und können sich auf mehrere Nutzer ausweiten (polylogisch).
- *Spontaneität/Reflektiertheit-Geplantheit*
  Da die Asynchronität der Beiträge stark variiert, muss davon ausgegangen werden, dass auch die Beiträge relativ spontan verfasst wurden oder gar genau vorbereitet worden sind. Dies lässt sich allerdings nicht nachweisen, sondern äußert sich in Aussagen der Nutzer, dass sie bspw. zu einer Thematik eine Quelle anfügen oder noch einmal nachlesen möchten.
- *Themenfixierung*
  Eine freie Themenentwicklung war möglich, wenngleich sich das Thema in (C) nicht veränderte. In „Weltgeschehen" hingegen wurde von Beginn an auf eine freie inhaltliche Entfaltung verwiesen (Und noch sowas..... [Freizeile] Für das aktuelle Tagesgeschehen, die Politik, Gott und die Welt.... [...]; E/I/1/1-2).

Anzumerken ist, dass möglicherweise eine große Gruppe von Lurkern an den Webforen teilnimmt. Einige äußern sich sogar direkt dazu (Immortal King: Hallo allerseits! [Freizeile] Schon seit geraumer Zeit lese ich die Diskussionen hier ab und zu. Aber zu meinem ersten Posting ist es erst heute gekommen, [...]; C/III/5/11-14). Ein Nachweis für die Anzahl der passiven Lurker ist schwierig und lässt sich innerhalb dieser Studie nicht erbringen.

Ein weiteres Merkmal der CvK ist die Anonymität, welche für schriftbasierte Webforen durch das Merkmal der Pseudonymität ergänzend beschrieben wurde. Innerhalb der Analyse fiel auf, dass die (hörgeschädigten) Nutzer scheinbar aus ihrer Anonymität heraustreten. Zum Beispiel ist eine Nutzerin mit dem Nickname „Gast" angemeldet, verabschiedet sich jedoch in ihren Beiträgen mit „Lea". Andere Nutzer sprechen sie daraufhin auch mit ihrem scheinbar realen Namen an (Hallo Lea, ...; C). Ein ähnliches Beispiel findet sich in (E), wo sich „Marjorie“ konsequent als „Birgit“ verabschiedet. Folgende Beispiele verweisen sogar auf eine persönliche Kontaktaufnahme:

(I)

> No comment Karin, tut nämlich objektiv nichts zur Sache... Hörst Du vielleicht raus, wenn Du am 1.3. zu meinem Vortrag nach Frankfurt kommst... ☺ (C/II/7/33; Anh. 3, vi)

(II)

> ☺Hi Uli, ist ja echt ein Hammer, das wir auf gleicher Wellenlänge liegen. [Absatz] Ist mir aber auch schon aufgefallen bei unseren ersten persönlichen Treffen Bad Nauheim. Auch du bist eher sehr zurückhaltend und eben sehr ruhig. Genau das bin ich auch. (E/I/39/32; Anh. 8, xi)

Die Nutzer scheinen sich bereits zu kennen (II) bzw. beabsichtigen, sich kennen zu lernen (I). Der offenbare Wunsch nach Kontaktaufnahme knüpft an die hybriden Funktionen von schriftbasierten Webforen an. Die Foren ermöglichen Kommunikation und bieten eine Plattform zum Wissensaustausch, die soziale Dimension scheint für die Gruppe der Hörgeschädigten eine Rolle zu spielen. Während Höflich & Gebhardt (2001) für den Online-Chat annehmen, dass dieser weniger für den Aufbau persönlicher Beziehungen genutzt wird (41), könnte für gruppenspezifische schriftbasierte Webforen – in diesem Falle die Gruppe der Hörgeschädigten – die reale Kontaktanbahnung eine Rolle spielen. Es muss jedoch eingeräumt werden, dass diese Hypothese in der verwendeten Literatur bzw. in den Studien nach Kenntnisstand der Autorin bislang keine Berücksichtigung fand. Die Studie von *Aktion Mensch e.V.* (Berger et al. 2010) ergab, dass hörgeschädigte Nutzer vorwiegend den Informationscharakter der CvK schätzen und mittels Webforen u.ä. barriereärmer mit anderen Menschen kommunizieren können (vgl. auch Reich & Miesenberger 2011). Inwieweit daraus reale, Face-to-Face-Kontakte entstehen und von längerer Dauer sind, wurde nicht untersucht.

Abschließend kann konstatiert werden, dass die theoretischen Grundlagen, welche eingangs herausgearbeitet wurden, teilweise bestätigt, teilweise erweitert und verändert werden konnten. Die theoretischen Erläuterungen in den Kap. 2 bis 5 umreißen ein großes interdisziplinäres Forschungsfeld, in welchem schriftbasierte Webforen zu verorten sind.

9. Abschließende Betrachtungen

Die theoretischen und empirischen Befunde der Studie repräsentieren ein großes Forschungsfeld für unterschiedliche wissenschaftliche Disziplinen. Den Kernpunkt bildet die ***Emotionsdarstellung in schriftbasierten Webforen für Hörgeschädigte am Beispiel von Emoticons, Interjektionen und emotiven Akronymen***, da diese Elemente als typisch für computervermittelte Kommunikation gelten (Storrer 2000; Dresner & Herring 2010). Bevor jedoch eine empirische Untersuchung vorgenommen werden konnte, wurden in umfassender Art und Weise die relevanten theoretischen Grundlagen herausgearbeitet. Dadurch war es möglich, die verschiedenartigen Ergebnisse in einem Überblick für den Leser darzustellen, diese zu ordnen und daraufhin erweiterte Begrifflichkeiten zu bilden.

Die datengeleitete Untersuchung zweier informeller Themen aus zwei verschiedenen Webforen für Hörgeschädigte ergab (vgl. Kap. 7), dass sowohl in „*uff* harte Diskussion […]" (C) als auch in „Weltgeschehen" (E) jeweils ***Emoticons am häufigsten*** zur Anwendung kommen und meist am Satzende stehen. Die ebenfalls häufig genutzten Interjektionen hingegen stehen dagegen vermehrt am Satzanfang. Die Elemente werden nicht immer mit emotiven Lexemen kombiniert. Die Stimmungen, in denen Emoticons verwendet wurden, waren eher ***freudig-fröhlich*** sowie ***ablehnend-wütend***. Weiterhin konnte beobachtet werden, dass eine ***Gestaltung auf der formalen Ebene*** stattfindet, um Emotionen auszudrücken oder aber um die Aussage zu betonen - sei es durch farbige Hervorhebungen, unterschiedliche Schriftgrößen oder die Kombination mit graphischen Elementen wie Emoticons. Aussagen zu emotiven Akronymen konnten nicht getroffen werden, weil dieses Element nur äußerst selten beobachtet wurde (s. Anh. 5 & 10). Interessant wäre eine Untersuchung, inwieweit diese Form überhaupt in deutschsprachigen schriftbasierten Webforen angewandt wird.

Die exemplarisch angeführten Ergebnisse belegen zudem, dass die Funktionen von Emoticons ganz verschieden sein können. Somit kann die Aussage von Dresner & Herring (2010) bestätigt werden, dass sich zwar der Begriff Emoticons durchgesetzt habe, jedoch weisen diese graphischen Elemente ***zusätzliche Funktionen*** auf – anstatt lediglich einer emotiven Funktion, welche durch den Ausdruck *Emotional Icons* impliziert wird. Für weitere Forschungen wird daher eine ***erweiterte Definition*** für den vorläufigen Begriff des Emoticons vorgeschlagen, da er sich auf den Prototypen des Smileys als *text* ~ oder nicht animiertes *graphic emoticon* bezieht (vgl. Kap. 4 + 8) (nächste Seite):

Emoticons sind abstrahierte Repräsentationen von physischen, menschlichen Charakteristika, die sich mit oder ohne inhärente Bewegung(en) darstellen und innerhalb der schriftbasierten CvK zur Anwendung kommen. Sie weisen hybride Funktionen auf und sind nur im Kontext ihrer Anwendung interpretierbar.

Ähnliche Überlegungen ergeben sich für Interjektionen, die für die Verwendung im Rahmen der CvK anders klassifiziert werden sollten, als dies für die vorliegende Studie nach Hentschel & Weydt (2003) vorgenommen wurde. Deshalb wird abschließend empfohlen, sowohl Emoticons als auch Interjektionen für zukünftige Untersuchungen nur nach ihren ***Erscheinungsformen*** zu kategorisieren. Somit könnten sie zum einen quantitativ erfasst werden, zum anderen eingehend auf qualitativer Ebene im Kontext ihrer Anwendung interpretiert werden. Dadurch könnten zusätzliche, neue Erkenntnisse gewonnen werden (vgl. hierfür Kap. 8).
Darüber hinaus ergeben sich aus der Literatur weitere bedeutende Erkenntnisse, die hier zusammenfassend dargestellt werden sollen. Zum einen wird ein erweiterter Begriff im Sinne Kuhlens (1998) verwendet: ***schriftbasierte Webforen*** (Kap. 4). Bislang wurde für „Foren" keine einheitliche Bezeichnung verwendet. Die Erscheinungsformen wurden mit den Funktionen begrifflich vermischt (z.B. Diskussionsforen). Zudem können die Beschreibungen aus den zugrunde liegenden *newsgroups* nicht bedingungslos übernommen werden (ebd.). Als Ergebnis wird auch für schriftbasierte Webforen betont, dass sie ***hybride Funktionen*** aufweisen (vgl. 4.1). Innerhalb des kommunikativen Austauschs entstehen individuelle Funktionen sowohl für den Nutzer als auch für die Nutzergemeinschaft – die Übergänge zwischen den einzelnen Aufgaben sind fließend und können wechseln. Verfolgt ein Nutzer beispielsweise das Ziel, mit anderen Menschen über das Medium Webforum aktiv in Kontakt zu treten, so wird dieser Beiträge einstellen, um zu kommunizieren. Daraus ergeben sich möglicherweise neue Informationen und ein Zuwachs an Wissen für den aktiven Nutzer; oder aber ein Spiel mit der eigenen Identität, ein vergnügliches humorvolles Verhal-

ten im Diskurs kann zur persönlichen Unterhaltung dienen (vgl. Döring 2000). Es sei an dieser Stelle darauf verwiesen, dass der Face-to-Face-Kontakt unter Hörgeschädigten dennoch eine große Rolle spielt. Speziell Gehörlose pflegen ihre Beziehungen zu anderen Menschen durch den persönlichen Kontakt (vgl. Sacks 2008). Trotzdem ermöglichen neue Computertechnologien eine bessere Vernetzung untereinander – sei es durch Videotelefonie oder durch schriftliche Kommunikation im Internet (Berger et al. 2010).

Die Kommunikation in schriftbasierten Webforen stellt einen ***medial schriftlichen Diskurs*** dar, welcher durch das Verfassen und Einstellen von referentiellen Beiträgen in den jeweiligen Unterforen entsteht (Kuhlen 1998: 67). Die Diskurse sind durch Merkmale der konzeptionell mündlichen Kommunikation nach Koch/Oesterreicher (1994) gekennzeichnet, welche für den Umfang dieser Untersuchung nur vermutet und nicht belegt werden können (Kap. 8). Umgangssprachliche Ausdrücke und Floskeln werden verwendet, auf informeller Ebene werden private Themen kommuniziert, wodurch eine soziale Nähe innerhalb der Forengemeinschaft entsteht (Storrer 2000). Es ist wichtig, weitere Untersuchungen quantitativer und qualitativer Art anzusetzen, um die Merkmale der konzeptionellen Mündlichkeit in schriftbasierten Webforen konkret beschreiben zu können.

Die theoretischen und empirischen Befunde zeigen den weiteren großen Forschungsbedarf. Zusätzlich zum Aufbau und zur Struktur deutschsprachiger Webforen, Emotionsdarstellung im Internet und bisher angeführten Forschungsansätzen erscheint es als besonders relevant, hinsichtlich der eingangs beschriebenen heterogenen Gruppe der Hörgeschädigten folgende Fragestellungen aufzuwerfen:

1. Wie gehen Hörgeschädigte mit konzeptionell mündlichen bzw. ~ schriftlichen Texten um? Was erleichtert/erschwert ihnen das Textverständnis?
2. Wie kompensieren hörgeschädigte Menschen ein etwaiges Wissensdefizit?
3. Wie kann durch die computervermittelte Kommunikation Wissen für Hörgeschädigte verständlich vermittelt werden?[72]
4. Welchen Einfluss hat die CvK auf die Schriftsprachkompetenz Hörgeschädigter mittels aktiver und/oder passiver Nutzung (Lurking)?

[72] Ein sehr gutes Beispiel stellt *http://www.vibelle.de/* dar.

5. Wie beeinflussen schriftbasierte Webforen die Identitätsbildung bei hörgeschädigten Menschen?
6. Welche positiven und negativen Auswirkungen hat die Kommunikation mittels Computertechnologie für gehörlose, schwerhörige oder spät ertaubte Menschen?
7. Wie können Hörgeschädigte ihre Emotionen schriftlich am besten ausdrücken?

Diese und weitere Fragen können in zukünftige Studien einfließen. Es ist zu betonen, dass diese Studie einen Beitrag hierfür auf dem Gebiet der CvK leistet. Die bisher gewonnenen Erkenntnisse aus Theorie und Empirie lassen Rückschlüsse zu, dass die in der Literatur verwendeten Begrifflichkeiten ergänzt und erweitert werden sollten, so, wie es hier in ersten Ansätzen umgesetzt wurde. Zudem könnten besonders für Pädagogen neue Ergebnisse insofern relevant sein, als dass diese in den Unterricht für Hörgeschädigte eingebettet werden könnten, um für den Personenkreis das Lernen zu erleichtern und möglicherweise einem Wissensdefizit vorgebeugt wird. Es ist auch eine Überlegung wert, inwiefern *Icons* generell als zusätzliche Verständnisstütze für Hörgeschädigte bzgl. rein schriftlicher Texte – unabhängig vom Medium – genutzt werden kann.
Abschließend ist zu betonen, dass nach derzeitigem Forschungsstand der Bereich der Emotionen und ihrer Darstellung im Hybridmedium Computer (Höflich 2003: 75f.), insbesondere im Internet, noch zu gering erforscht wurde und weitere Ergebnisse gespannt erwartet werden.

Quellen- und Literaturverzeichnis

a) *Zitatstellenbelege:*

Antonijevic, Smiljana (2005): Expressing Emotions Online: An analysis of visual aspects of emoticons. International Communication Association. Conference Paper.

Augst, Gerhard & Karin Müller (1996): Die schriftliche Sprache im Deutschen. *In:* Günther, Hartmut & Otto Ludwig (Hrsg.): Schrift und Schriftlichkeit. Ein interdisziplinäres Handbuch internationaler Forschung (2. Halbband). Berlin: de Gruyter, 1500-1506.

Beck, Klaus (2006): Computervermittelte Kommunikation im Internet. Mohr, Arno (Hrsg.): Lehr- und Handbücher der Kommunikationswissenschaft. München: Oldenbourg Wissenschaftsverlag GmbH.

Beck, Klaus (2010): Soziologie der Online-Kommunikation. *In:* Schweiger, Wolfgang & Klaus Beck (Hrsg.): Handbuch Online-Kommunikation. Wiesbaden: VS Verlag für Sozialwissenschaften, 15-35.

Beißwenger, Michael (2007): Sprachhandlungskoordination in der Chat-Kommunikation. Günther, Susanne; Konerding, Klaus-Peter; Liebert, Wolf-Andreas & Thorsten Roelcke (Hrsg.). Berlin: Walter de Gruyter. Dissertation.

Berger, Andrea; Caspers, Tomas; Croll, Jutta et al. (2010): Web 2.0/barrierefrei. Eine Studie zur Nutzung von Web 2.0 Anwendungen durch Menschen mit Behinderung. Bonn: Aktion Mensch e. V. (Hrsg.; ohne nähere Angabe).

Bishop, J. M.; Taylor, L. & F. Froy, (2000): Computer-mediated communication use by the deaf and hard-of-hearing. *In:* Kybernetes, Vol. 29, Nr. 9/10, 1078 – 1086.

Boyes Braem, Penny (^{2}1992): Einführung in die Gebärdensprache und ihre Erforschung. Prillwitz, Siegmund (Hrsg.): Internationale Arbeiten zur Gebärdensprache und Kommunikation Gehörloser, Bd. 11. Hamburg: Signum-Verlag.

Bundesarbeitsgemeinschaft der Integrationsämter und Hauptfürsorgestellen (BIH) (Hrsg.) (2012): ZB Spezial. Was heißt hier behindert? Behinderungsarten und ihre Auswirkungen; Ausgabe 2012. Wiesbaden: Universum Verlag, 24-27.

Online verfügbar unter: http://www.integrationsaemter.de/BIH-Jahresbericht /459c/index.html. Gesehen am 14.03.2013.

Bundesministerium für Arbeit und Soziales, Referat Information, Publikation, Redaktion (BMAS) (Hrsg.) (2010): Übereinkommen der Vereinten Nationen über die Rechte von Menschen mit Behinderungen. Convention oft he United Nations on the rights of persons with disabilities. Convention des Nations Unies relative aux droits des personnes handicapées. deutsch. English. français. leichte deutsche Sprache. Niestetal: Silber Druck.

Clarke, Valerie (2006): Unerhört. Eine Entdeckungsreise durch die Welt der Gehörlosigkeit und Gebärdensprache über und von Gehörlosen mit vielen Praxisbeispielen. Augsburg: ZIEL.

Derks, Daantje; Bos, Arjan E. R. & Jasper von Grumbkow (2007): Emoticons and social interaction on the Internet: the importance of social context. *In:* Computers in Human Behavior, Nr. 23, 842-849.

Derks, Daantje; Bos, Arjan E. R. & Jasper von Grumbkow (2008): Emoticons and Online Message Interpretation. *In:* Social Science Computer Review, Vol. 26, Nr. 3, 379-388.

Deutsche Gesellschaft für Publizistik- und Kommunikationswissenschaft (Hrsg.) (2004): Selbstverständnis der DGPuK-Fachgruppe ‚Computervermittelte Kommunikation'. *Online verfügbar unter: http://www2.dgpuk.de/fg_cvk/ selbstverstaendnis_2004.htm.* Gesehen am 12.04.2012.

Dindia, Kathryn & Jennifer Huber (2009): The Influence of Emoticons on Message Interpretation in Instant Messages. National Communication Association. Conference Paper.

Donath, Peter; Hase, Ulrich; Prillwitz, Siegmund & Karin Wempe (1996): Eine Minderheit verschafft sich Gehör: Textdokumentation zur Anerkennung der Gebärdensprache Gehörloser. Internationale Arbeiten zur Gebärdensprache und Kommunikation Gehörloser, Bd. 31. Hamburg: Signum-Verlag.

Döring, Nicola (2000): Identität + Internet = Virtuelle Identität? *In:* forum medienethik, Nr.2. München: kopaed verlagsgmbh, 65-75.

Dresner, Eli & Susan C. Herring (2010): Functions of the Nonverbal in CMC: Emoticons and Illocutionary Force. *In:* Communication Theory, Nr. 20, 249-268.

Eisenberg, Peter (1996): Das deutsche Schriftsystem. *In:* Günther, Hartmut & Otto Ludwig (Hrsg.): Schrift und Schriftlichkeit. Ein interdisziplinäres Handbuch internationaler Forschung (2. Halbband). Berlin: de Gruyter, 1451-1455.

Eisenwort, Brigitte; Vollmann, Ralph; Willinger, Ulrike & Daniel Holzinger (2002): Zur Schriftsprachkompetenz erwachsener Gehörloser. *In:* Folia Phoniatrica et Logopaedica, Nr. 54, 258-268.

Fahlman, Scott E. (o. J.): Smiley Lore :-). *Online verfügbar unter: http://www.cs.cmu.edu/~sef/.* Gesehen am 14.04.2012.

Fiedler, Georg & Irene Neverla (2003): Suizidforen im Internet. Überblick zum Forschungsstand und weiterführende Perspektiven. *In:* Medien und Kommunikationswissenschaft, 51. Jg. 3-4, 557-571.

Fischer, Katja (2010): „Vom Gehörlos- zum Taubsein“. Eine Identitätsfindung, beschrieben aus einer ostdeutschen Perspektive von 1976 bis heute. *In:* Das Zeichen, Nr. 86, 390-399.

Fischer, Renate; Bohl, Saskia & Knut Weinmeister (2000): Das ist DaZiel: Deutsch als Zielsprache im bilingualen Sprachunterricht mit erwachsenen Gehörlosen. *In:* Das Zeichen, Nr. 53, 456-468.

Grünecker, Nora (2012): Inklusiver Schriftspracherwerb. *In:* Metzger, Klaus & Erich Weigl (Hrsg.) (2012): Inklusion – praxisorientiert. Didaktische und methodische Anregungen. Erprobte Modelle. Für alle Jahrgangsstufen. Berlin: Cornelsen Verlag, 76-89.

Günther, Klaus B. (1993): Die Schrift als wahre Basis der Verbalsprache Gehörloser. *In:* Homo scribens – Perspektiven der Schriftlichkeitsforschung. Tübingen: Max Niemeyer Verlag, 341-358.

Hambridge, Sally (1995): Netiquette Guidelines. Network Working Group. *Online verfügbar unter: http://www.ietf.org/rfc/rfc1855.txt.* Gesehen am 21.11.2012.

Hänel-Faulhaber, Barbara (2011): Zum bilingualen Spracherwerb von Laut- und Gebärdensprache – Parallelen zur Mehrsprachigkeit. *In:* Hermann, Bettina (Hrsg.) (2011): Mein Kind. Ein Ratgeber für Eltern mit einem hörbehinderten Kind. Hamburg: Aldag Druck und Papier, 36-39.

Hentschel, Elke & Harald Weydt ([3]2003): Handbuch der deutschen Grammatik. 3., völlig neu bearbeitete Auflage. Berlin: Walter de Gruyter.

Höflich, Joachim R. (1996): Technisch vermittelte interpersonale Kommunikation. Grundlagen, organisatorische Medienverwendung, Konstitution „elektronischer Gemeinschaften". Opladen: Westdeutscher Verlag.

Höflich, Joachim R. & Julian Gebhardt (2001): Der Computer als Kontakt- und Beziehungsmedium. Theoretische Verortung und explorative Erkundungen am Beispiel des Online-Chats. *In:* Medien und Kommunikationswissenschaft, 49. Jg. 1, 24-43.

Höflich, Joachim R. (2003): Mensch, Computer und Kommunikation. Theoretische Verortungen und empirische Befunde. Frankfurt a. M.: Peter Lang GmbH.

Homberger, Dietrich (2000): Sachwörterbuch zur Sprachwissenschaft. Stuttgart: Philipp Reclam jun. GmbH & Co.

Koch, Peter & Wulf Oesterreicher (1994): Schriftlichkeit und Sprache. *In:* Günther, Hartmut & Otto Ludwig (Hrsg.): Schrift und Schriftlichkeit. Ein interdisziplinäres Handbuch internationaler Forschung (1. Halbband). Berlin: de Gruyter, 587-604.

Krammer, Klaudia (2001): Schriftsprachkompetenz gehörloser Erwachsener Veröffentlichungen des Forschungszentrums für Gebärdensprache und Hörgeschädigtenkommunikation der Universität Klagenfurt, Bd. 3. Literaturrecherche. *Online verfügbar unter: http://wwwg.uni-klu.ac.at/fzgs/krammer.pdf.* Gesehen am 03.07.2012.

Krausmann, Beate (1999): „anders, nicht selten sehr eigenwillig". Schriftsprachliche Kommunikation erwachsener Gehörloser zwischen Normverstößen und Selbstbewusstsein (Teil II). *In:* Das Zeichen, Nr. 47, 68-75.

Krausneker, Verena (2006): taubstumm bis gebärdensprachig. Die österreichische Gebärdensprachgemeinschaft aus soziolinguistischer Perspektive. Larcher, Dietmar (Hrsg.). Ort: Verlag.

Krausneker, Verena & Katharina Schalber (2007): Sprache. Macht. Wissen. Zur Situation gehörloser und hörbehinderter SchülerInnen, Studierender & ihrer LehrerInnen, sowie zur Österreichischen Gebärdensprache in Schule und Universität Wien. Abschlussbericht des Forschungsprojekts2006/2007. Ohne Ort und Verlag. *Online verfügbar unter: http://www.univie.ac.at/oegsprojekt.* Gesehen am 23.04.2013.

Krohn, Franklin B. (2004): A Generational Approach to Using Emoticons as Non-verbal Communication. *In:* Journal of Technical Writing & Communication, Vol 34, Nr. 4, 321-328.

Kubicek, Herbert; Schmid, Ulrich & Heiderose Wagner (1997): Bürgerinformation durch „neue“ Medien? Analysen und Fallstudien zur Etablierung elektronischer Informationssysteme im Alltag. Opladen: Westdeutscher Verlag GmbH.

Kuhlen, Rainer (1995): Informationsmarkt: Chancen und Risiken der Kommerzialisierung von Wissen. Schriften zur Informationswissenschaft, Bd. 15. Konstanz: Universitätsverlag Konstanz GmbH.

Kuhlen, Rainer (1998): Die Mondlandung des Internet: die Bundestagswahl 1998 in den elektronischen Kommunikationsforen. Konstanz: Universitätsverlag Konstanz GmbH.

Kuhlen, Rainer & Anja Odenthal (1998): Elektronische Kommunikationsforen – das Beispiel UNESCO VF-INFOethics. *In:* Zimmermann, Harald H. & Volker Schramm (Hrsg.): Knowledge Management und Kommunikationssysteme, Workflow Management, Multimedia, Knowledge Transfer. Proceedings des 6. Internationalen Symposiums für Informationswissenschaft (ISI 1998), Prag, 3. – 7. Nov. 1998. Konstanz: UVK Verlagsgesellschaft mbH, 283-295.

Lorbach, Frauke & Florian Kramer (2013): Von der Gebärde zur Schrift. Ein gebärdensprach-orientierter Ansatz bei der Vermittlung von Schriftsprachkompetenz für Gehörlose via eLearning auf www.vibelle.de. *In:* Das Zeichen, Nr. 94, 280-285.

McDougald, Brannan R.; Carpenter Eric D. & Christopher B. Mayhorn (2011): Emoticons: What does this one mean? *In:* Proceedings of the Human Factors and Ergonomics Society Annual Meeting, Nr. 55, 1948-1951.

Menche, Nicole (Hrsg.) ([5]2003): Biologie, Anatomie, Physiologie. Kompaktes Lehrbuch für die Pflegeberufe. München: Urban & Fischer Verlag.

Pilling, Doria & Paul Barrett (2007): Text Communication Preferences of Deaf People in the United Kingdom. *In:* Journal of Deaf Studies and Deaf Education, Vol. 13, is. 1, 92-103.

Poppendieker, Renate (1991): Wege zur Anbahnung des Schriftspracherwerbs. *In:* Zeig mir beide Sprachen! Elternbuch Teil 2: Vorschulische Erziehung gehörloser Kinder in Laut- und Gebärdensprache. Prillwitz, Siegmund (Hrsg.): Gebärden und

Gebärdensprache in der pädagogischen Arbeit. Band 2. Hamburg: Signum-Verlag, 128-146.

Poppendieker, Renate (1992): Freies Schreiben und Gebärden. Voraussetzungen und Bedingungen des Erwerbs von Schreibkompetenz durch gehörlose Kinder. Prillwitz, Siegmund (Hrsg.): Internationale Arbeiten zur Gebärdensprache und Kommunikation Gehörloser, Bd. 18. Hamburg: Signum Verlag.

Prillwitz, Siegmund; Wisch, Fritz-Helmut & Hubert Wudtke ([2]1991): Zeig mir Deine Sprache! Elternbuch Teil 1: Zur Früherziehung gehörloser Kinder in Lautsprache und Gebärden. Prillwitz, Siegmund (Hrsg.): Gebärden und Gebärdensprache in der pädagogischen Arbeit. Band 1. Hamburg: Signum-Verlag.

Reich, Klaus & Klaus Miesenberger (2011): Barrierefreiheit. Grundlage gerechter webbasierter Lernchancen. *In:* Lehrbuch für Lernen und Lehren mit Technologien (L3T), 1-11.

Ruoß, Manfred (1994): Kommunikation Gehörloser. Rett, Andreas (Hrsg.): Arbeiten zur Theorie und Praxis der Rehabilitation in Medizin, Psychologie und Sonderpädagogik, Bd. 38. Bern: Verlag Hans Huber.

Sacks, Oliver ([8]2008): Stumme Stimmen. Reise in die Welt der Gehörlosen. Reinbek bei Hamburg: Rowohlt Taschenbuch Verlag.

Sbw-Schriftleitung (2003): „Sprachkrüppel" – hausgemachte Produkte der Gehörlosenpädagogik? *In:* selbstbewusst werden, H. 67, 4-5. *Online verfügbar unter: http://www.sign-lang.uni-hamburg.de/daziel/globus/sbw_doppelseite.pdf.* Gesehen am 23.11.2011.

Schüßler, Anja (1997): Gehörlosigkeit und Lautsprachtext: zum Stand von Leseforschung und Didaktik. List, Gudula (Hrsg.): Kölner Arbeiten zur Sprachpsychologie, Bd. 8. Frankfurt am Main: Peter Lang GmbH.

Schwarz-Friesel, Monika (2007): Sprache und Emotion. Tübingen: A. Francke Verlag.

Sieber, Peter (1998): Parlando in Texten. Zur Veränderung kommunikativer Grundmuster in der Schriftlichkeit. Reihe Germanistische Linguistik, 191. Tübingen: Max Niemeyer Verlag GmbH & Co. KG.

Sixl-Daniell, Karin & Jeremy B. Williams (2005): Paralinguistic Discussion in an Online Educational Setting: A Preliminary Study. *In:* U21Global. Working Paper, Nr. 010, 1-6.

Stegbauer, Christian (2000): Begrenzungen und Strukturen internetbasierter Kommunikationsgruppen. *In:* Thimm, Caja (Hrsg.): Soziales im Netz. Sprache, Beziehungen und Kommunikationskulturen im Internet. Opladen: Westdeutscher Verlag, 18-38.

Stegbauer, Christian (2001): Grenzen virtueller Gemeinschaft. Strukturen internetbasierter Kommunikationsforen. Wiesbaden: Westdeutscher Verlag GmbH.

Storrer, Angelika & Sandra Waldenberger (1998): Zwischen Grice und Knigge: Die Netiketten im Internet. *In:* Strohner, Hans; Sichelschmidt, Lorenz et al. (Hrsg.): Medium Sprache (= Forum Angewandte Linguistik 34). Frankfurt a. M.: Peter Lang GmbH, 63-77.

Storrer, Angelika (2000): Schriftverkehr auf der Datenautobahn: Besonderheiten der schriftlichen Kommunikation im Internet. *In:* Voß, G. Günter; Holly, Werner & Klaus Boehnke (Hrsg.): Neue Medien im Alltag: Begriffsbestimmungen eines inter-disziplinären Forschungsfeldes. Opladen: Leske + Budrich, 153-177. Preprint.

Storrer, Angelika (2001): Getippte Gespräche oder dialogische Texte? Zur kommunikationstheoretischen Einordnung der Chat-Kommunikation. *In:* Lehr, Andrea; Kammerer, Matthias et al. (Hrsg.): Sprache im Alltag. Beiträge zu neuen Perspektiven in der Linguistik. Herbert Ernst Wiegand zum 65. Geburtstag gewidmet. Berlin: de Gruyter.

Szagun, Gisela (2011): Lautspracherwerb bei Kindern mit Cochlea-Implantat. *In:* Hermann, Bettina (Hrsg.) (2011): Mein Kind. Ein Ratgeber für Eltern mit einem hörbehinderten Kind. Hamburg: Aldag Druck und Papier, 41-43.

Thimm, Caja & Heidi Ehmer (2000): „Wie im richtigen Leben…“: Soziale Identität und sprachliche Kommunikation in einer Newsgroup. *In:* Thimm, Caja (Hrsg.): Soziales im Netz. Sprache, Beziehungen und Kommunikationskulturen im Internet. Opladen: Westdeutscher Verlag, 220-239.

Ulrich, Winfried (^{5}2002): Wörterbuch linguistische Grundbegriffe. 5., völlig neu bearbeitete Auflage. Berlin: Gebr. Borntraeger Verlagsbuchhandlung.

Vogel, Carla (2006): Und jetzt…? Unser Kind ist gehörlos! Unterstützungsmöglichkeiten für Eltern mit hörgeschädigtem Kind. Guxhagen: Verlag Karin Kestner.

Walther, Joseph B. & Kyle D'Addario (2001): The Impacts of Emoticons on Message Interpretation in Computer-Mediated Communication. *In:* Social Science Computer Review, Vol. 19, Nr. 3, 324-347.

Welter, Heribert & Konstantin Kohler (Hrsg.) (1992): Gehörlose Menschen mit psychosozialen Problemen. Konfliktberatung, Krisenintervention, Psychotherapie. Freiburg im Breisgau: Lambertus Verlag.

Wolf, Alecia (2000): Emotional Expression Online: Gender Differences in Emoticon Use. *In:* CyberPsychology & Behavior, Vol. 3, Nr. 5, 827-833.

b) Schriftbasierte Webforen für Hörgeschädigte (deutschsprachig) (ges. am 09.08.2013):

A *http://www.my-deaf.com/*
B *http://www.schwerhoerigenforum.de/viscacha/*
C *http://www.gehoerlose.de/*
D *http://www.gl-cafe.de/*
E *http://www.dcig-forum.de/*
F *pinboard.schwerhoerigen-netz.eu/*
G *www.deaf-forum.info* (Österreich; 29.08.2012)
→ *http://www.vforum.at/forum/forum.php* (aktualisiert)

c) Fußnoten – Internetquellen (gesehen am 07.08.2013):

1 Statistische Angaben zu Hörschädigung – Deutscher Gehörlosenbund e.V.: *http://www.gehoerlosen-bund.de/dgb/index.php?option=com_content&view=article&id=1974&lang=de*

3 Statistische Angaben zu Hörschädigung – Deutscher Schwerhörigenbund e.V.: *http://www.schwerhoerigen-netz.de/MAIN/statistik.asp?inhalt=uebersicht*

5 Behindertengleichstellungsgesetz – Bundesministerium der Justiz: *http://www.gesetze-im-internet.de/bgg/__6.html*

6 Inklusion und UN-Konvention: *http://www.aktion-mensch.de/inklusion/un-konvention.php*

7 Kulturtage der Gehörlosen: *http://www.gehoerlosen-kulturtage.de/*

8 Olympische Spiele für Gehörlose – Deaflympics: *http://www.deaflympics.com/* oder *http://www.bmi.bund.de/SharedDocs/ Glossareintraege/DE/D/deaflympics.html?nn=366856*

13 Internetportal für Hörgeschädigte: *http://www.taubenschlag.de/*

15 Schulen für Hörgeschädigte – Überblick: *http://www.deaflink.de/link.php3?land=&kat=2*

18 Internetlernportal für Hörgeschädigte: *http://www.vibelle.de/*

26 Übersicht Internetdienste: *http://www.www-kurs.de/dienste.htm*

33 Webforum für Gehörlose – eigene Webadresse: *http://www.gl-cafe.de/*

34 Beispiel von integrierten Webforen: *http://www.schwerhoerigenforum.de/viscacha/* oder *http://www.tauben schlag.de/*

40 Verwendung von Pseudonymen – zum Beispiel: *http://www.deaf-forum.info (29.08.2012)*
⇨ geänderte Webadresse: *http://www.vforum.at/forum/forum.php*

53 New Hackers Dictionary: *http://www.eps.mcgill.ca/jargon/jargon.html*

57 Auflistung von Emoticons: *http://www.usenet-abc.de/Content/Emotionen#a1*

58 Statement Scott E. Fahlman (o.J.) zum Urspung des Smiley: *http://www.cs.cmu.edu/~sef/sefSmiley.htm*

d) Weiterführende Internetadressen (gesehen am 21.11.2012):

- DFG Schwerpunktprogramm 1505 – Mediatisierte Welten: *http://www.mediatisiertewelten.de/startseite/*
- Deutsche Gesellschaft für Online-Forschung e.V.: *http://www.dgof.de/*

- Deutsche Gesellschaft für Publizistik- und Kommunikationswissenschaft e.V.: *http://www.dgpuk.de/*
- Hans-Bredow-Institut für Medienforschung an der Universität Hamburg: *http://www.hans-bredow-institut.de/*
- Medien & Kommunikationswissenschaft: *http://www.m-und-k.nomos.de/*
- Mediensprache: *http://www.mediensprache.net/de/*
- Studies in Communication/Media: *http://www.scm.nomos.de/*
- Universität Erfurt – Philosophische Fakultät: *http://www.uni-erfurt.de/kommunikationswissenschaft/?L=5*

KULTUR – KOMMUNIKATION – KOOPERATION

herausgegeben von Gabriele Berkenbusch und Katharina von Helmolt

ISSN 1869-5884

1 *Gabriele Berkenbusch und Doris Weidemann (Hg.)*
Herausforderungen internationaler Mobilität
Auslandsaufenthalte im Kontext von Hochschule und Unternehmen
ISBN 978-3-8382-0026-2

2 *Vasco da Silva*
Critical Incidents in Spanien und Frankreich
Eine Evaluation studentischer Selbstanalysen
ISBN 978-3-8382-0036-1

3 *Gwendolin Lauterbach*
Zu Gast in China
Interkulturelles Lernen in chinesischen Gastfamilien:
Eine Längsschnittstudie über die Erfahrungen deutscher Gäste
ISBN 978-3-8382-0082-8

4 *Katharina Bertz*
Akkulturationsmodelle in der aktuellen Forschung
Metaanalyse neuester wissenschaftlicher Studien über Akkulturation
ISBN 978-3-8382-0126-9

5 *Sabine Emde*
Immigration und Schwierigkeiten im deutschen Alltag
Eine chinesische Migrantin in Deutschland
ISBN 978-3-8382-0101-6

6 *Andrea Richter*
Auslandsaufenthalte während des Studiums - Stationen, Bewältigungsstrategien und Auswirkungen
Eine qualitative Studie
ISBN 978-3-8382-0108-5

7 *Jessica Bielinski*
Bikulturelle Partnerschaften in Deutschland
Eine Studie über Diskriminierungen, Konflikte und Alltagserfahrungen
ISBN 978-3-8382-0299-0

8 *Gabriele Berkenbusch, Katharina von Helmolt, Vasco da Silva (Hg.)*
Migration und Mobilität aus der Perspektive von Frauen
ISBN 978-3-8382-0156-6

9 *Ann-Kathrin Hörl*
Interkulturelles Lernen von Schülern
Einfluss internationaler Schüler- und Jugendaustauschprogramme auf die persönliche Entwicklung und die Herausbildung interkultureller Kompetenz
ISBN 978-3-8382-0361-4

10 *Gwendolin Lauterbach*
Hierarchie in internationalen Hochschulkooperationen
Eine Studie zu deutsch-kirgisischer Projektarbeit
ISBN 978-3-8382-0392-8

11 *Gabriele Berkenbusch, Elisa Wiesbaum, Jens Weyhe*
Zwischen Hochschule und Arbeitsmarkt
Die Absolventenstudie der Fakultät Angewandte Sprachen und Interkulturelle Kommunikation der Westsächsischen Hochschule Zwickau
ISBN 978-3-8382-0351-5

12 *Ciara Hogan, Nadine Rentel, Stephanie Schwerter (eds.)*
Bridging Cultures: Intercultural Mediation in Literature, Linguistics and the Arts
ISBN 978-3-8382-0352-2

13 *Katharina von Helmolt, Gabriele Berkenbusch, Wenjian Jia (Hg.)*
Interkulturelle Lernsettings
Konzepte – Formate – Verfahren
ISBN 978-3-8382-0349-2

14 *Alexandra Bauer*
Identifikative Integration
Über das Zugehörigkeitsgefühl von Migranten und Migrantinnen zu ihrer Aufnahmegesellschaft
ISBN 978-3-8382-0382-9

15 *Melanie Püschel*
Emotionen im Web
Die Verwendung von Emoticons, Interjektionen und emotiven Akronymen in schriftbasierten Webforen für Hörgeschädigte
ISBN 978-3-8382-0506-9

Sie haben die Wahl:

Bestellen Sie die Schriftenreihe
Kultur – Kommunikation – Kooperation
einzeln oder im **Abonnement**

per E-Mail: vertrieb@ibidem-verlag.de | per Fax (0511/262 2201)
als Brief (***ibidem***-Verlag | Leuschnerstr. 40 | 30457 Hannover)

Bestellformular

❒ Ich abonniere die Schriftenreihe *Kultur – Kommunikation – Kooperation* ab Band # ____

❒ Ich bestelle die folgenden Bände der Schriftenreihe *Kultur – Kommunikation – Kooperation*
____; ____; ____; ____; ____; ____; ____; ____; ____; ____

Lieferanschrift:

Vorname, Name ....

Anschrift ....

E-Mail.. | Tel.: ....

Datum .... | Unterschrift ....

Ihre Abonnement-Vorteile im Überblick:

- Sie erhalten jedes Buch der Schriftenreihe pünktlich zum Erscheinungstermin – immer aktuell, ohne weitere Bestellung durch Sie.
- Das Abonnement ist jederzeit kündbar.
- Die Lieferung ist innerhalb Deutschlands versandkostenfrei.
- Bei Nichtgefallen können Sie jedes Buch innerhalb von 14 Tagen an uns zurücksenden.

ibidem-Verlag

Melchiorstr. 15

D-70439 Stuttgart

info@ibidem-verlag.de

www.ibidem-verlag.de
www.ibidem.eu
www.edition-noema.de
www.autorenbetreuung.de

Zeitfracht Medien GmbH
Ferdinand-Jühlke-Straße 7
99095 Erfurt, Deutschland
produktsicherheit@kolibri360.de